基金项目：安徽省哲学社会科学规划项目

课题名称：治理视角下安徽高校"双一流"建设的逻辑与路径研究

课题编号：AHSKY2021D43

大学治理推进"双一流"建设的实践路径

杜　健◎著

燕山大学出版社

·秦皇岛·

图书在版编目（CIP）数据

大学治理推进"双一流"建设的实践路径 / 杜健著. —秦皇岛：燕山大学出版社，2022.11
ISBN 978-7-5761-0436-3

Ⅰ．①大… Ⅱ．①杜… Ⅲ．①高校管理－研究 Ⅳ.①G647

中国版本图书馆 CIP 数据核字（2022）第 256570 号

大学治理推进"双一流"建设的实践路径
杜　健　著

出 版 人：陈　玉			
责任编辑：王　宁		策划编辑：刘韦希	
责任印制：吴　波		封面设计：刘韦希	
出版发行：燕山大学出版社 YANSHAN UNIVERSITY PRESS		电　　话：0335-8387555	
地　　址：河北省秦皇岛市河北大街西段 438 号		邮政编码：066004	
印　　刷：英格拉姆印刷(固安)有限公司		经　　销：全国新华书店	

开　　本：170mm×240mm　1/16		印　　张：13.5	
版　　次：2022 年 11 月第 1 版		印　　次：2022 年 11 月第 1 次印刷	
书　　号：ISBN 978-7-5761-0436-3		字　　数：200 千字	
定　　价：55.00 元			

前　言

习近平总书记指出："党和国家事业发展对高等教育的需要，对科学知识和优秀人才的需要，比以往任何时候都更为迫切。"[①] 我国正处于实现中华民族伟大复兴的关键时期，在向第二个百年目标奋进的新征程中，也面临着一些不容忽视的问题，诸如区域经济社会发展不平衡、不充分等。此外，深入推进京津冀协同发展、长江经济带发展、粤港澳大湾区建设、长三角一体化发展，都迫切需要高等教育为推进区域高质量协调发展提供科技创新动力和人力资源支撑。

2015 年 10 月 24 日，中共中央、国务院印发《统筹推进世界一流大学和一流学科建设总体方案》（以下简称《总体方案》），《总体方案》坚持以一流为目标、以学科为基础、以绩效为杠杆、以改革为动力，提出三步走战略目标以及五大建设任务和五大改革任务，加快建成一批世界一流大学和一流学科，提升我国高等教育综合实力和国际竞争力，为实现"两个一百年"奋斗目标和中华民族伟大复兴的中国梦提供有力支撑。2017 年，国家公布首批"双一流"建设高校名单，其中一流大学建设高校 42 所，一流学科建设高校 95 所。2022 年 2 月 14 日，教育部等三部委公布《关于深入推进世界一流大学和一流学科建设的若干意见》（以下简称《若干意见》），同时，更新公布了新一轮"双一流"建设高校及建设

[①] 李学磊.习近平在清华大学考察：坚持中国特色世界一流大学建设目标方向 为服务国家富强民族复兴人民幸福贡献力量[EB/OL].[2022-01-20]. www.gov.cn/xinwen/2021-04/19/content_5600661.htm.

学科名单，共有建设高校 147 所。本轮取消了一流大学建设高校和一流学科建设高校之分，同时北京大学、清华大学自主确定建设学科并自行公布，包括北京中医药大学的中药学、上海财经大学的统计学等在内的 15 所高校、16 个首轮"双一流"建设学科被公开警示或撤销。2022 年 4 月 25 日，习近平总书记考察中国人民大学时强调："要坚持党的领导，坚持马克思主义指导地位，坚持为党和人民事业服务，落实立德树人根本任务，传承红色基因，扎根中国大地办大学，走出一条建设中国特色、世界一流大学的新路。"①

世界一流大学主要有渐进式和跨越式两种发展模式。美国的常青藤高校沿循渐进式发展模式，其发展逻辑和动力主要来自大学自身对知识和真理的追求。日本、韩国等国家沿循跨越式发展模式，即由政府主导、自上而下的政策大力推动、进行人为建构的结果。例如日本的"21 世纪 COE 计划""全球 COE 计划""全球顶尖大学计划"，韩国的"智力韩国 21 工程""智力韩国 21-PLUS 工程"等。我国高等教育具有典型的人为建构特征，重点大学阶段—"211"工程—"985"工程—"双一流"建设，在发展模式上基本沿循政府主导模式，政府用"看得见的手"直接干预高等教育建设和发展。政府主导模式侧重于追求规模、数量的扩张，强调高度集中带来的高效率。经过持续建设、接续奋斗，我国已经拥有一批部分指标可以比肩世界一流大学的高水平大学，我国高校创建世界一流大学的速度与追赶态势令世界瞩目。

"双一流"建设阶段，中央和地方政府在制度供给、资源供给等方面极大地满足了一流大学建设需要，有学者粗略统计，我国清华大学等顶尖大学与 US News 排名前十的大学的收入已不相上下，当下是"双一流"建设的最好时期。但是，资金投入等只是"双一流"建设的必要条件，资金投入在一流大学建设初期效果更明显，可以在短时间内改变办学基础设施条件、引进一流师资等，即对建设指标上的一流大学意义重大，不过，单靠

---

① 习近平. 坚持党的领导 传承红色基因 扎根中国大地 走出一条建设中国特色世界一流大学新路 [EB/OL].[2022-05-20]. http://politics.people.com.cn/n1/2022/0425/c1024-32408556.html.

资金投入难以建设享誉世界的一流大学。一流大学需要一流治理，一流的治理对于世界一流大学和世界一流学科建设更加重要，否则，资源优势也会因为治理效率低下变成沉没成本。有学者曾以部分"双一流"高校、地方本科高校等为调研对象，选取校领导、中层领导干部、教职员工等进行问卷调查，结果显示大家对高校现有内部治理效能满意度并不高，对建构有利于高校按内在规律办学治校的大学治理现代化体系有强烈的诉求。当前，为早日实现"双一流"建设目标，必须对大学治理进行以效率优先为价值导向的变革。

本书的研究对象是"双一流"建设高校，共分为九章。第一章主要阐述了世界一流大学和一流学科的内涵、基本特征，"双一流"建设的价值取向和战略意义；第二章主要研究"双一流"建设政策的演进脉络、有机统一、继承创新和深层结构等；第三章主要分析首轮"双一流"建设的成绩与不足；第四章主要分析新一轮"双一流"建设的外部形势、发展机遇等；第五章深入分析了大学内部治理体制历史变迁、建设成效、发展缺陷等；第六章比较分析了哈佛大学、牛津大学、东京大学、香港科技大学治理案例，并总结了境外世界一流大学的治理经验；第七章系统分析了武汉大学、北京大学、上海交通大学、浙江财经大学等国内高校内部治理创新案例；第八章提出了大学外部治理推进"双一流"建设的逻辑与路径；第九章提出了大学内部治理推进"双一流"建设的具体路径。

本书是安徽省哲学社会科学规划项目"治理视角下安徽高校'双一流'建设的逻辑与路径"（编号：AHSKY2021D43）的研究成果。本着抛砖引玉的想法，我将大学治理推进"双一流"建设的实践路径研究出版，希望本书能为我国新一轮"双一流"建设出一份力。本书在编写过程中得到了业界同行的帮助。限于水平，我深知本书在理论框架、观点创新等方面还不够完善，期待业界同行的批评指正，我将吸取大家的宝贵意见，作好后续完善。

合肥工业大学 杜健

2022 年 7 月 8 日

目　　录

第 一 章
"双一流"建设的理论研究

2015 年，中共中央、国务院审时度势，作出统筹推进"双一流"建设的重大战略决策，自此，"双一流"建设成为高等教育领域乃至全社会关注的焦点。社会各界特别是学术界围绕"双一流"建设展开热烈讨论，本章站在学界前辈的肩膀上，主要探讨与"双一流"建设相关的基本理论问题。

第一节　世界一流大学和一流学科的内涵

一、世界一流大学的概念

"双一流"建设是世界一流大学和一流学科的统称，学者最先关注的是世界一流大学，但是迄今为止，对世界一流大学是什么样子的、具有哪些根本属性和鲜明特征等尚未达成共识。国外学者最早开始世界一流大学的相关研究，菲利普·阿特巴赫（Philip Altbach）指出："每个国家都想拥有世界一流大学，这是大势所趋的，然而没有人知道到底什么是世界一流大学，也不知道怎样才能打造一所世界一流大学。"[1]萨米（J. Salmi）认为，世界一流大学的出色表现从根本上可以归因于在顶尖大学起作用的三组互为补充、缺一不可的因素群：人才汇集、资源丰富和管理规范[2]。约翰·冯（John Vaugh）认为，世界一流大学应有足够广泛的学科领域，教育质量应该是世界顶级水平的，应受到全世界大多数国家的关注和认可[3]。陆登庭（Rudenstine）把世界一流大学概括为一流的设施、一流的师资、一流的学生和一流的评价[4]。约翰·尼兰德（John Niland）认为，一流大学首先是教师的质量，关键是研究声誉，还要有好的本科生生源、广阔的国际视野、优秀的管理、众多的学科、充足的资源和先进的信息技术[5]。

在国内，20 世纪 40 年代之始，有识之士即开始关注世界一流大学。1947 年 9 月，胡适提出："在十年之内，集中国家的最大力量，培植五个到十个成绩最好的大学，使他们尽力发展他们的研究工作，使他们成为第一流的学术中心，使他们成为国家学术独立的根据地。"[6]但是国民党统治下的旧中国，社会凋敝、民不聊生，广大人民群众连温饱都解决不了，胡适提出的"第一流的学术中心"的梦想也不可能实现。新中国成立之后，百废待兴，国家财力薄弱，在高等教育领域，国家采取集中有限财力重点建设一批关乎国计民生的高校。1954 年，北京大学等 6 所高校被确定为全国性重点大学，1963 年，全国重点大学数量达到 68 所。"文革"期间，高等教育重点建设政策遭到破坏。1978 年，国家逐步恢复并确定全国重点高校 88 所。至此，我国高等教育发展步入快车道。1985 年，清华大学强调，把清华大学逐步建设成为世界第一流的、具有中国特色的社会主义大学。1986 年，时任北京大学校长丁石孙提出："我们的目标，应该是把北京大学办成全世界第一流的大学。"1986 年 9 月 12 日，《光明日报》头版头条刊发《北大要成为世界第一流的高等学府——北京大学校长丁石孙谈办学目标和指导思想》，产生了较大的社会影响。

1998 年 5 月 4 日，北京大学迎来建校 100 周年，江泽民同志视察北京大学并发表重要讲话，指出："为了实现现代化，我国要有若干所具有世界先进水平的一流大学。这样的大学，应该是培养和造就高素质的创造性人才的摇篮，应该是认识未知世界、探求客观真理、为人类解决面临的重大课题提供科学依据的前沿，应该是知识创新、推动科学技术成果向现实生产力转化的重要力量，应该是民族优秀文化与世界先进文明成果交流借鉴的桥梁。"[7] 袁贵仁同志在学习江泽民同志讲话精神时提出："一流大学是一个总体性的概念，无论是世界一流还是国内一流，都是指它的总体办学水平并不意味着它在每一个方面都是一流的。"[8] 此后，国内学术界关于世界一流大学的相关研究日渐增多。周光礼认为："评价世界一流大学的标准应是国际化的学术标准，这些标准有些能够量化，有些是不能量化的，包括一流的国际声誉、一流的师资队伍、一流的优势学科等。"[9] 丁学良认为，世界一流大学的教员来源必须是普遍的，学生的来源必须尽可能的广泛和多样化，研究和教学的内容必须是普遍主义的，是世界主义的[10]。

纵览学界观点可见，对于世界一流大学的定义莫衷一是，部分学者以研究型大学作为参照物来定义世界一流大学，并在一定程度上将二者画等号。部分学者通过量化指标，诸如大学排行榜、ESI 数量、学科评估等，定义世界一流大学。多数学者从世界一流大学应该具备的基本特征这一角度来定义何谓世界一流大学，认为世界一流大学应具备一流的人才、一流的科研、充裕的资金等。但无论中外学界，都没有形成一个公认的定义，这或许是因为世界一流大学的弹性，或许是因为世界一流大学需要不断认知、探索，但无论是何原因，也不管对世界一流大学持有何种观点，不影响社会各界对"双一流"的重视、热情以及大力推进。

二、世界一流学科的概念

学科建设是龙头，学科建设的好坏直接关涉世界一流大学建设的成败。《总体方案》提出"双一流"建设四项原则，其中，坚持以学科为基础是基本原则之一，因此厘清世界一流学科的概念同样重要。什么是学科？《辞海》给出两种解释：一是学术的分类；二是教学科目。目前，关于学科的定义，学界代表性观点有两个：一是学科是专门的知识体系[11]，二是学科是一套专门的知识体系以及相应的组织制度。何谓一流，《现代汉语词典（第7版）》给出两种界定：一是作为名称的同一类，二是作为形容词（属性词）的第一等的。

什么是学科？国外主要从两个视角进行阐释：一种从学术标准视角，强调学术自由、学术自治；另外一种从实践视角，强调学科服务国家战略需求。相应地，前者将学科看作一个科研平台，后者将学科视为一个教育教学、人才培养的平台。历史上，这两种观点长期处于竞争状态，近年来逐渐出现融合趋势。目前，除上海软科仍然采用单一的学术标准外，QS、US News 世界一流大学排名等均体现两个方面指标，即既重视学术标准——科学研究职能，也重视实践标准——大学育人职能。

在国内，2015 年以前，关于"一流学科"概念和内涵的研究较少，周光礼和武建鑫归纳了世界一流学科的四个标准：一流的学科队伍、一流的科研成果、一流的学生质量和一流的学术声誉[12]。潘静认为，一流学科的特征是顶尖的学术带头人与高水平的学术团队相互支撑、充足的学术经费与先进的科研设备彼此协调、开放有序的动力机制与协同竞争的创新机制相得益彰、卓著的学术成果产出与突出的人才培养质量[13]。张炜认为,一流学科主要有两大类:一是因为国家的重视或评估的结果而逐渐成为一流;二是因为学科自身的科学能力和学术声誉,自然而然成为一流[14]。

什么是世界一流学科,亦如什么是世界一流大学,难以有一个共识。2021年,全国人大常委会修订《中华人民共和国教育法》(以下简称《教育法》),将教育的目标定位为:"教育必须为社会主义现代化建设服务、为人民服务,必须与生产劳动和社会实践相结合,培养德智体美劳全面发展的社会主义建设者和接班人。"教育行政主管部门也先后发布系列政策文件,从对"双一流"建设统筹部署的重点来看,主要围绕一流人才培养、一流成果孕育展开;国内外学者也多从人才培养和科学研究等角度探讨"双一流"建设相关课题。因此,无论是从《教育法》的目标定位来看,抑或是从国家教育政策方向等来看,我国将人才培养视为大学第一职能,因此我国的世界一流学科建设,首先要发挥学科的育人功能,将学科建设成为一流的教学育人平台;其次,要建立健全科研反哺教学机制,善于将学科优势、科研优势和资源优势转化为教学优势,持续提升人才培养质量。当然我们要牢记,我国的"双一流"建设在兼具世界一流大学共性特征的基础上,要有自己的个性特色。

三、世界一流大学与一流学科的相互关系

大学欲成为世界一流,势必要有一流的学科,一流学科是一流大学发展的基础。世界一流大学的生成一般遵循这一规律:一流学科汇聚一流教师,一流教师带来一流科研和教学,一流学科和教师队伍吸引一流学生,进而培养一流毕业生,一流研究成果和一流毕业生为大学赢得一流学术声誉和社会声誉。世界一流大学都有自己的一流学科,美国有众多闻名于世的世界一流大学,这些世界一流大学通常在多个学科领域拥有较多的世界

一流学科。例如加州理工学院的物理学进入世界一流，航空学达到国际先进，正是诸如此类的一流学科成就了加州理工学院的世界声誉。加州大学伯克利分校生物原子工程学科世界第一，加州大学伯克利分校也因此闻名遐迩。可见，世界一流学科是成就世界一流大学的基础和前提，但是拥有世界一流学科并非一定能够成为世界一流大学。

首轮"双一流"建设期间，专家遴选委员会根据遴选标准遴选了42所一流大学建设高校、95所一流学科建设高校（部分高校未达到遴选标准，由专家委员会授权部分高校以自定学科的方式进入），教育部明确指出，"双一流"重在建设，学科是基础。但是在目前的遴选标准下，理工类特别是工科类优势明显，入选一流建设学科概率大，而哲学社会科学入选概率偏小，造成入选"双一流"建设学科的理工类学科与文史类学科比例严重失衡，理工化尤其是工科化现象严重。然而在新的时代特征下，学科交叉融合成为新的趋势和新的学科生长点，因此，单一类型学科或单一学科难以达到世界一流。

新一轮"双一流"建设，国家在延续前期政策的基础上进行了政策调适，最大的表现就是取消一流大学和一流学科的区分，入选高校均是一流学科建设高校；赋予北京大学、清华大学学科建设自主权，自行设定、自行公布一流建设学科；新增了7所"双一流"建设高校。在遴选标准上增加人文社会学科标准，诸如获得国家社科基金重大项目、获得教育部人文社会科学奖等，依据该标准，一些人文社科学科入选"双一流"建设行列，一定程度上改善了人文社科与理工科比例严重失衡的问题。应该说，没有体现中国特色、中国风格、中国气派的哲学社会科学体系，单靠理工类，甚至只是工科类世界一流学科的"独领风骚"，也很难在21世纪中叶实现基本建成高等教育强国的战略目标。当然更为重要的是，一流大学和一流学科建设要扎根中国大地，面向国家重大战略需求，面向经济社会主战场，面向科技发展前沿，在此基础上，遴选出重点建设学科，营造良好的学科生态环境，"双一流"建设目标任务才能达成。

第二节　世界一流大学和一流学科的基本特征

一、一流的师资队伍

"所谓大学者，非谓有大楼之谓也，有大师之谓也。"[15]美国著名教育家、哈佛大学老校长科南特（James B. Conant）也指出："大学的荣誉，不在于它的校舍和人数，而在于它一代又一代人的质量。"[16]一流大学和一流学科发展规律也表明，师资是最重要的资源，拥有一流的师资，就会有一批又一批仰慕大师云集而至的优秀青年学子，就会有充足的研究课题和研究经费，产生重大、高质量的研究成果，在研究成果服务国家、服务人民的过程中，凝聚社会声誉和影响，经年累月的累积势必会产生滚雪球效应，即"最出色的科学家在获得经费开展研究的同时，也吸引着其他学者和最优秀的学生"[17]。据统计，截至 2020 年，斯坦福大学现任教职工中有 19 位诺贝尔奖得主、1 位菲尔兹奖得主、163 位美国国家科学院院士、101 位美国国家工程院院士、287 位美国文理科学院院士、4 位普利策奖得主、18 位美国国家科学奖章得主，等等。

二、一流的人才培养

我国大学主要有人才培养、科学研究、社会服务、文化传承创新、国际交流合作五大职能,西方国家世界一流大学职能划分不尽相同,即使在一国之内,大学职能也随时代的变化发展而不同,但是人才培养是世界各国大学公认的基本职能。如前所述,世界各国都普遍重视大学的人才培养职能,我国的大学将为谁培养人、培养什么样的人以及如何培养人作为首要标准,培养能够担当民族复兴大任的时代青年。美国一流大学也将人才培养作为重要的社会职能,通过一流的师资、充足的科研经费,吸引、培育和输送一批又一批服务美国经济社会发展的优秀青年学子。截至2021年,哈佛大学走出了8位美国总统、160位诺贝尔获奖者;耶鲁大学培养出普林斯顿大学、哥伦比亚大学、芝加哥大学等著名大学的创始人或第一任校长。

三、一流的科学研究

世界各国均普遍强调大学要服务国家和区域发展需求,因此加强科学研究和科技成果转化成为大学又一基本职能。世界一流大学通常能够创造出具有划时代意义的重大科研成果,例如加州大学伯克利分校罗伯特·奥本海默(Julius Robert Oppenheimer)教授主导制造的原子弹和氢弹等。正是因为这些具有划时代意义的研究成果,美国才能在"二战"后迅速成为世界霸主,经济和科技实力、国家综合实力始终保持世界第一。一流大学注重科研面向经济社会需求、服务国家需求,并下大力气推进科技成果转移转化。近年来,美国大学注重科技成果转化,将大量实验室培育出的科研成果更多更好地转化到国民经济主战场。例如闻名于世的硅谷是依托斯坦福大学的学术科研优势而形成的。硅谷从最早的半导体和计算机产业,发展为由计算机与电子业、电信业、生命科学、多媒体、环境技术等组成的高科技产业集群,推动了美国在电子信息、集成电路等领域世界领导地位的形成。

四、一流的国际交流合作

世界一流大学国际化水平普遍较高,因此一所大学要想不断走向卓越、达至世界一流，必须注重国际交流与合作。世界一流大学在成长过程中，普遍将国际交流合作发展战略作为重要抓手。哈佛大学创立伊始，就将自身定位为具有国际影响力的大学，"而不仅仅是马萨诸塞州和美国的大学，要求哈佛大学更多地承担推动国际社会的教育、卫生、经济发展和沟通交流的责任"[18]。麻省理工学院不但在全球招聘教师，而且每年有超过2000名国际学者，包括访问研究者、教授和讲演者来学院进行交流。一流大学能够在全球范围内吸引各国最优秀的学生。应该说，美国众多大学能够成为世界一流，其能够在全球范围内吸引一流的师资、一流的学生是重要原因之一。我国也将国际交流合作作为大学的五大职能之一，从"双一流"建设高校"十四五"事业发展规划来看，多数高校将国际教师、国际学生等国际化指标定义为关键核心指标，同时也十分注重中外合作办学、国际会议等指标，可见，一流的国际化既是一流大学的抓手，也是一流大学的典型特征。

五、一流的办学条件

大学是一个资源依赖型学术组织，一流大学的建设依赖源源不断的资金支持，一流的办学条件是成就世界一流大学的硬件基础，包括一流的教室、一流的实验室、一流的科研平台，也包括一流的体育设施等。从世界一流大学成长历史来看，美国的世界一流大学多半是在漫长的历史进程中逐渐演化成为世界一流大学的。但自发模式并不意味着政府不对大学进行资金投入，事实上，在世界一流大学成长的各个阶段，联邦政府的资金支持都至关重要，而且联邦政府对资助资金设置条件，如必须服务于国家需求等。当然除政府资助外，美国一流大学资金来源较为广泛，社会捐赠是一流大学办学经费的主要来源之一。据统计，哈佛大学每年获得超过100亿元的捐赠收入，这些捐赠收入用于改善基本办学条件。哈佛大学图书馆是全美最大的学术图书馆，藏书丰富，藏书量超过1500万册，为教师和学生提供各种学术资源。新兴国家多采用人为建构的方式，推动世界一流大学建设。以我国为例,"双一流"建设政策颁布后,国家拨付了一流学科建设资金,出台了资金使用评价办法,各省特别是发达省份,投入资金打造世界一流大学。有学者统计,清华大学等国内顶尖大学近两年来的预算收入已经与世界排名前十的世界一流大学不相上下。当然,也正是因为我们一流的办学条件,为一流的人才、一流的科研等奠定了坚实的基础,首轮建设周期届满后,我国"双一流"建设成效显著,成绩令人振奋、令人鼓舞。

六、一流的治理能力

一流大学必有一流治理,一流治理是成就一流大学的保障。欧美国家一流大学多半构建了适应办学治校、教育教学的一流治理体系,具备了一流的治理能力。在决策机制方面,多数高校普遍采取董事会(理事会)制度,董事会是大学最高权力机构和决策机构,负责处理大学和社会之间的关系、选拔和任命校长等,通过董事会的设置,欧美大学成功地将外部治理需求内部化,即将外部人引入大学内部,实现共同治理。在执行机制方面,欧美大学建立了以校长为代表的执行机构,校长是大学的舵手,掌握着一流大学的发展方向和办学目标,指引着一流大学的前进道路。一流大学还通过内部组织机构设置、调整,职责界定等,建立健全了高效的执行机制。在民主监督机制方面,一流大学注重师生参与民主管理,在大学章程中对师生权利义务作出明确规定,同时拓展师生参与民主管理的渠道和方式,师生也普遍具有主人翁意识,广泛地参与到大学民主管理的各领域、各方面,在一流大学的建设中起着重要作用。我国大学也普遍建立起党委领导—校长负责—教授治学—民主管理的内部治理结构,为"双一流"建设奠定治理基础。

第三节 "双一流"建设的价值取向

一、服务国家和区域重大战略需求

"创建世界一流大学必须是也应该是一种国家战略、一种国家行为。"[19]既然是国家战略、国家行为，必然体现国家意志、国家需求，因此中外世界一流大学无一例外都将服务国家战略需求作为大学重要的办学目标。德国大学"卓越计划"的遴选标准将服务国家战略作为一项重要指标，入选高校必须坚持服务国家发展战略需求。建设期限届满，服务国家战略还是评价建设绩效的重要标准之一，如果在建设周期内，未能很好地服务国家战略，经考核很可能会被调整出支持计划。美国、英国等世界一流大学自发成长路径国家，虽然没有政府组织的推进计划，但美国联邦政府的每次资助都与服务国家发展战略挂钩。"二战"后，美国一批世界一流大学是在美苏争霸的国际环境下，致力于服务美国战略发展需求而发展起来的。我国的重点大学建设以及此后的"211工程""985工程"等均是为了服务国家科教兴国战略、服务国民经济社会发展。《总体方案》提出："以国家重大需求为导向，提升高水平科学研究能力，为经济社会发展和国家战略实施作出重要贡献。"可见，服务国家发展战略是创建一流大学的重要价值取向，也是国内外世界一流大学的追求。

二、培养一流人才

西方大学起源于早期的教师行会，后历经发展，特别是经历了德国柏林洪堡大学阶段，科学研究成为大学的一项重要职能，此后，随着大学日益走向世界舞台中央，大学又延伸出社会服务、文化传承创新、国际合作交流等职能。但时至今日，无论大学职能如何演变，人才培养始终是大学的立身之本。德国大学"卓越计划"将人才培养作为一票否决指标。日本"21世纪COE计划"的基本目标是"努力培养世界顶尖的高科技创新人才"[20]。韩国"BK21工程"将人才培养作为重要评价指标，人才培养指标占整个评价指标的40%左右。《国家中长期教育改革和发展规划纲要（2010—2020年）》（以下简称《教育规划纲要》）强调："牢固确立人才培养在高校工作中的中心地位。"《总体方案》提出，"坚持立德树人，突出人才培养的核心地位"，并将培养拔尖创新人才作为五大建设任务之一。新修订的《教育法》将培养德智体美劳全面发展的建设者和接班人作为大学的基本使命。"双一流"建设高校是我国普通高等教育的领头雁，理应坚持和落实立德树人根本任务，为党育人、为国育才。

三、提升高等教育综合实力和国际竞争力

截至2021年9月30日，全国普通高等学校共有2756所，"双一流"建设高校仅有100多所，教育部在不同场合多次强调保持规模稳定，因此，"双一流"建设高校只占全国高校的很小一部分。但是"双一流"建设高校是普通高校的"排头兵"，代表了我国高等教育改革和发展的方向。《教育规划纲要》提出："发挥政策指导和资源配置的作用，引导高校合理定位，克服同质化倾向，形成各自的办学理念和风格，在不同层次、不同领域办出特色，争创一流。"《总体方案》强调："积极探索中国特色的世界一流大学和一流学科建设之路，努力成为世界高等教育改革发展的参与者和推动者。"德国政府期望通过德国大学"卓越计划"，提升德国大学的国际竞争

力，增强其科研实力，打造引领德国大学复兴的"灯塔"[21]。可见，世界各国都竭力采取措施推动一流大学的建设和发展，引领高等教育改革和发展，进而提升高等教育综合实力和国际竞争力。

四、实现自我卓越

"双一流"建设具有多重价值，包括服务国家战略，也包括追求大学卓越。《教育规划纲要》指出："到 2020 年，高等教育结构更加合理，特色更加鲜明，人才培养、科学研究和社会服务水平全面提升，建成一批国际知名、有特色、高水平的高等学校，若干所大学达到或接近世界一流大学水平，高等教育国际竞争力显著增强。"《总体方案》强调："坚持以一流为目标。引导和支持具备一定实力的高水平大学和高水平学科瞄准世界一流，汇聚优质资源，培养一流人才，产出一流成果，加快走向世界一流。"日本"21 世纪 CEO 计划"目标之一，"旨在建设特色鲜明且具有国际竞争力的大学"[22]。日本"全球 COE 计划"旨在发展国际领先性的卓越研究及建立国际卓越的教育和研究中心，提升日本大学的国际竞争力。可见，追求大学卓越是世界各国一流大学建设政策的通行目标。在我国，在《总体方案》的引导下，各省纷纷出台政策、提供资金支持，大力推动辖区内"双一流"建设高校跨越式发展；各建设高校深入贯彻落实国家教育方针政策，制定"双一流"建设规划，明确建设目标、建设学科、建设路径等，多措并举推进"双一流"建设，力争在较短的时间内取得最佳的建设成效，早日成为世界一流大学。

五、追求学科一流

学科是大学的细胞，学科是大学改革和发展的龙头，"双一流"建设本身就包括一流大学和一流学科建设，正如追求大学卓越是"双一流"建设的应有价值一样，追求学科一流也是"双一流"建设的应有价值。加之，学科之于大学的重要地位和重要作用，追求大学卓越、服务国家战略等都需要通过一流学科建设来推进，因此追求一流学科既是目标，也是手段。《总体方案》还强调："坚持以学科为基础。引导和支持高等学校优化学科结构，凝练学科发展方向，突出学科建设重点，创新学科组织模式，打造更多学科高峰，带动学校发挥优势、办出特色。"韩国"智力韩国21工程"重点资助应用科学、人文与社会科学、传统特色学科、新兴产业科学四大学科领域。可见，追求学科一流是世界各国建设一流大学的价值取向。

第四节 "双一流"建设的战略意义

一、"双一流"建设有利于加速实现第二个百年奋斗目标和中华民族伟大复兴

历史一再证明，世界一流大学与国家发展和民族振兴休戚与共、同频共振，没有任何一个国家可以在高等教育落后于世界各国时，取得经济社会方面的巨大成就，成为世界领先的强国。18 世纪，法国大学逐渐落后于欧洲其他国家大学，拿破仑创办了巴黎高等师范学院等新型大学，为法国培养了一大批各种类型的人才，引领了法国社会思想解放，推动法国引领时代潮流，成为当时欧洲最为强大的国家之一。19 世纪初，德国著名学者、教育改革家威廉·冯·洪堡（Wilhelm von Humboldt）创办了柏林洪堡大学，将科学研究引入大学，作为大学的主要职能之一，推动了德国研究型大学的建设与发展，以及科学的兴起与兴盛。"二战"后，德国作为战败国，社会凋敝，经济萧条，但是德国在很短的时间内再次崛起，其中的一个原因就是德国有一批世界一流大学，为德国输送了一批批优秀人才，使社会各行各业得以很快恢复。德国一流大学创造了一批批科研成果，有力地支撑了德国经济社会发展。"二战"至今，美国始终保持世界领先地位，一个很重要的原因就是美国拥有数量最多、质量最优、处于科学前沿的世界一流大学。

2014 年，习近平总书记同北京师范大学师生进行座谈。总书记指出："'两个一百年'奋斗目标的实现、中华民族伟大复兴中国梦的实现，归根

到底靠人才、靠教育。"①2016 年，习近平总书记在致清华大学建校 105 周年贺信中指出："办好高等教育，事关国家发展、事关民族未来。"② 时至今日，大学越来越集中地承担科技、教育、文化创新等职责，因此，只有建设世界一流大学，发展最高水平的大学和科研机构，才能真正实现民族复兴和国家富强。"双一流"建设是孕育一流人才、一流科技、一流文化、一流社会服务的摇篮，将吸引和集聚世界各地一批又一批思想精英、一流的科技和先进的文化，为民族崛起提供宝贵的智力支持和人才支撑。

二、"双一流"建设有利于妥善应对世界百年未有之大变局

当今世界正经历百年未有之大变局，引发大国之间的博弈。我国要想真正掌握竞争和发展的主动权，就必须在重大科学问题和关键技术方面有所突破，而科学创新和技术引领依赖于基础研究和原始创新两方面，且这两方面长期占据领先定位，其中大学发挥关键作用。

正是从这个意义上来讲，"双一流"建设要想国家之所想，急国家之所急，以只争朝夕、时不我待的紧迫感和使命感肩负起国家使命。"双一流"建设高校要面向国家战略需求，面向经济社会主战场，面向世界科技发展前沿，面向人民群众生命健康；要围绕"十四五"规划和产业发展中长期规划需要，加强基础研究和应用基础研究，力争在关键领域、核心技术等方面取得突破，成为科技创新策源地，有效解决经济社会发展中"卡脖子"的问题；要深化政产学研用合作，推进"双一流"建设高校科技成果产业化，为经济主战场注入源源不断的活力；要深化产教融合，全面提升在人才培养、科学研究、社会服务、文化传承创新和国际交流合作中的综合实力。因此，只有加强"双一流"建设，发挥教育对经济社会发展的

---

① 钱中兵.做党和人民满意的好老师——同北京师范大学师生代表座谈时的讲话 [EB/OL]. [2021-11-05]. www.gov.cn/xinwen/2021/09/10/content_2747765.htm.
② 习近平.习近平致清华大学建校 105 周年贺信 [EB/OL]. [2021-11-05]. http://www.xinhuanet.com/ politics/2016-04/22/c_1118711427.htm.

先导作用，我们才能真正占据经济优势和持久的领先优势。

三、"双一流"建设有利于加快建成世界高质量高等教育体系

"双一流"建设对我国高等教育体系的重要性不言而喻，"双一流"建设方案出台后，全社会都倾注了巨大的热情，各省市先后出台省域"双一流"建设方案，各高校按照国家《总体方案》和省域"双一流"建设规划，制定本校"双一流"建设方案。政府对"双一流"建设给予全力支持：一是加大财政投入。北京、广东等经济发达省（市）投入巨大，北京市计划投入100亿元，山东省计划投入50亿元，广东省投入20亿元支持3所高校建设高水平大学。江苏、浙江等省紧随其后。在江苏省，进入全国百强的省属高校每年将额外获得1亿元，浙江省每年投入5亿元支持5所高校发展。中部地区省份次之，河南省10年投入31亿元。而东北地区省份、西北地区省份在财政经费紧张的情况下，也投入较多资金支持建设：吉林省投入15亿元支持吉林大学建设世界一流大学，贵州省投入5亿元推进区域内一流大学建设，新疆维吾尔自治区投入1亿元专项资金支持重点专业建设。二是注重分层分类评价，引导"双一流"建设。上海将高校分为学术研究型、应用研究型、应用技术型和应用技能型4类，并制定三级评价指标体系，引导区域内高校找准定位、特色发展。浙江省将高校分为研究为主型、教学研究型、教学为主型3类，并针对每一类型高校制定评价标准，通过分层分类评价，推动高校在各自轨道上奋力发展。三是学科点调整。各高校根据"双一流"建设形势任务要求，依据国家学科动态调整相关规定，主动裁撤学科点，例如浙江大学撤销学位点高达34个，其中包括博士学位授权一级学科5个、博士学位授权二级学科3个，学科布局更加优化。因此，"双一流"建设是推动高等教育质量提升的迫切要求，是建设高质量教育体系的有力抓手，能够带动整个高等教育质量优化。

第 二 章

"双一流"建设政策的系统审思

我国重点高校建设政策主要分为 4 个阶段，分别是全国重点大学建设阶段、"211 工程"建设阶段、"985 工程"建设阶段、"双一流"建设阶段，4 个阶段政策目标不同，但这些政策的实施都不同程度地推进了我国世界一流大学的建设。厘清"双一流"建设政策的演进脉络，搞明白"双一流"建设政策对既往重点高校建设政策的承袭，等等，对新时期深入推进"双一流"建设具有重大意义。

第一节 "双一流"建设政策的演进脉络

一、全国重点大学建设阶段

新中国成立后，历经 4 年励精图治，国民经济和人民生活水平得到稳步恢复。1953 年，国家开始实施第一个五年计划，通过五年规划的方式统揽经济社会发展，但百废待兴，各行各业都需要国家资金支持，在教育领域，便有了集中力量建设重点高校的政策尝试。1954 年，高等教育部发布决议开启重点大学建设，清华大学、北京大学、中国人民大学等 6 所高校入围。经过第一个五年计划的建设，到 1959 年，高等教育部经济得到很大恢复，国家财力较新中国成立初期有了较大增长，国家加大了对重点大学的支持力度，表现为重点大学建设数量由 6 所增加到 16 所。此后，国民经济出现过热倾向，在高等教育领域，由于受到"大跃进"的影响，重点大学建设规模急剧扩大，1960 年，全国重点大学快速扩张到 64 所，到 1963 年，全国重点高校达到 68 所。此后，历经"文革"，高等教育建设领域也基本处于停滞状态。

1977 年，国家重新恢复高考，高校各项工作逐渐走向正轨。1978 年，国务院提出要进一步扩大重点大学建设范围，按照上级精神，确定了 88 所全国重点大学。由于部分高校在"文革"期间已经被撤销，重点大学建设名单有所调整。1978—1981 年，国家又陆续追加了 11 所院校进入全国重点大学建设范围。1985 年，教育改革和发展史上一个具有里程碑意义的重要文件——《中共中央关于教育体制改革的决定》发布，决定指出，

"在高等学校中有计划地建设一批重点学科",建设一批重点学科首次在此类重磅级文件中被提出。1987年,《国家教委关于做好评选高等学校重点学科申报工作的通知》附件一:《关于评选高等学校重点学科的暂行规定(一九八七年八月)》指出:"'七五'期间,国家教委拟会同有关部门在全国高等学校中教学科研基础好,对四化建设和科技、社会发展具有重要意义的学科中择优确定一批重点学科点。""全国重点大学"计划是我国重点高校建设政策的开端,总体来看,党和国家在"全国重点大学"时代就已确立了集中力量办好标杆大学,以更好地服务于社会经济建设的政策思路,为后来的"211工程""985工程",乃至"双一流"建设奠定了重要的政策基础。

二、"211工程"建设阶段

1991年,国家提出,"有重点地办好一批大学,加强一批重点学科的建设,使其在科学技术水平上达到或接近发达国家同类学科的水平"[23]。1993年,国家颁布《中国教育改革和发展纲要》,提出:"为迎接世界新技术革命的挑战,要集中中央和地方等各方面的力量办好100所左右重点大学和一批重点学科、专业,力争在下世纪初,有一批高等学校和学科、专业,在教育质量、科学研究和管理方面,达到世界较高水平。"1995年,《"211工程"总体建设规划》颁布,规划明确指出:"面向21世纪、重点建设100所左右的高等学校和一批重点学科。"

"211工程"建设主要内容包括学校整体条件、重点学科和高等教育公共服务体系建设三大部分。学校整体条件建设是基础,重点学科建设是核心,高等教育公共服务体系建设以重点建设的学校为依托,从整体上加强我国高等教育基础设施建设,提高高等学校的办学水平和效益。学校整体条件建设主要包括人才培养、科学研究、师资队伍建设、国际交流合作、基础设施建设以及体制机制改革等。人才培养方面的主要目标是促进学生全面发展,为国家经济社会发展培养和造就骨干和中流砥柱;科学研究方面的主要目标是加强科研工作，推动基础研究和应用基础研究革新，大力推进科技成果转化，为国民经济社会发展提供科技支撑；师资队伍建设方面的主要目标是培养和造就一大批在国内外有一定影响的学术带头人和骨干教师，培养一流人才，孕育一流科研成果；国际交流合作方面的主要目标是加强国际交流与合作，提升我国高等教育综合实力和国际竞争力；基础设施建设方面的目标是加强教学、科研等办学治校必需的基础设施建设，例如实验室、图书馆、档案馆、体育场、运动馆等；体制机制改革方面的目标是深入推进教育教学改革、内部管理体制改革，优化学科专业结构等。重点学科建设主要包括服务国家需求，围绕国家经济社会发展亟须行业、产业、领域等布局学科，遴选一批学科基础相关、内在联系紧密、具有特色和优势的学科群、学科基地等。高等教育公共服务体系建设主要包括中国教育和科研计算机网、图书文献保障系统、现代化仪器设备共享系统等建设内容。经过多年努力，"211 工程"学校建设取得明显成效，顺利完成了"打基础""上水平""求突破"3 个循序渐进的阶段。

三、"985 工程"建设阶段

1998 年，国家开始在高等教育领域实施"985 工程"。同年 5 月，江泽民同志在庆祝北京大学建校 100 周年大会上提出："为了实现现代化，我国要有若干所具有世界先进水平的一流大学。"[①] 由此拉开了国家统筹建设若干所世界一流大学的序幕。同年 12 月，国家发布《面向 21 世纪教育振兴行动计划》，文件明确提出："今后 10～20 年，争取若干所大学和一批重点学科进入世界一流水平。"1999 年，国务院批转了该计划，"985 工程"项目正式启动建设。"985 工程"一共实施三期。一期建设有北京大学、清华大学等 35 所高校入选。一期建设聚焦重点学科建设，同时赋予建设高校一定的自主权，结合办学实际情况确定具体建设项目。2004 年，"985 工程"二期建设正式启动，有 4 所高校入选，社会公众所熟知

---

① 江泽民.在庆祝北京大学建校一百周年大会上的讲话 [N].光明日报,1998-05-05（01）.

的"985 工程"在这一阶段基本形成雏形。二期建设内容主要集中在机制创新、队伍建设、平台建设、条件支撑和国际交流合作 5 个方面。2010 年，"985 工程"三期建设正式启动。三期建设在建设范围上基本稳定，主要目标是培养拔尖创新人才、实现学科建设突破、造就学术领军人物和创新团队等。

"985 工程"极大地推动了我国高等教育的改革与发展，经过多年建设，"985 工程"建设成效显著。在人才培养方面，自主培养了一批又一批高层次人才，在社会各行各业中起到中流砥柱的作用。在学科建设方面，打造了一批传统优势学科，使高原更高、高峰更显，适应经济社会发展，加快调整优化学科布局，推进学科交叉融合，形成一批在国际舞台有竞争力的学科。在师资队伍建设方面，培育了一批具有国际水平的专家教师队伍，部分教师开始在国际舞台上崭露头角、收获声誉。在科学研究方面，攻克了一大批先进前沿技术和"卡脖子"技术，产出了一批具有国际先进水准的重大科研成果，大力推进科技成果转移转化。哲学社会科学推陈出新，形成一批高价值的政策咨询报告，为区域经济社会发展提供精准指导。通过"985 工程"建设，我国从根本上提高了高等教育综合实力和国际竞争力，部分"985 工程"高校综合实力已接近世界一流大学水平，有力地推动了科教兴国和人才强国战略的实施。

四、"双一流"建设阶段

2014 年，为纪念五四运动 95 周年，习近平总书记来到北京大学参加师生座谈会，习近平总书记指出："党中央作出了建设世界一流大学的战略决策，我们要朝着这个目标坚定不移前进。"[①] 2015 年，中央全面深化改革委员会审议通过《总体方案》，决定统筹推进建设世界一流大学和一流学科。同年，国务院印发《总体方案》，宣布开启"双一流"建设。2019 年，

---

① 习近平.青年要自觉践行社会主义核心价值观——在北京大学师生座谈会上的讲话 [M]. 北京：人民出版社，2014.

教育部公开宣布 382 份文件失效，其中 8 份与"985 工程""211 工程"相关。至此，"985 工程""211 工程"已完成历史使命，"双一流"建设成为高等教育领域新的发力方向。

《总体方案》坚持以一流为目标、以学科为基础、以绩效为杠杆、以改革为动力，总体目标是推动一批高水平大学和学科进入世界一流行列或前列，加快高等教育治理体系和治理能力现代化，提高高等院校人才培养、科学研究、社会服务和文化传承创新的水平。为确保总体目标如期实现，《总体方案》还擘画了三步走的建设目标，同时还明确了五大建设任务和五大改革任务。五大建设任务是建设一流师资队伍、培养拔尖创新人才、提升科学研究水平、传承创新优秀文化、着力推进成果转化；五大改革任务是加强和改进党对高校的领导、完善内部治理结构、实现关键环节突破、构建社会参与机制、推进国际交流合作。《总体方案》明确五年一个建设周期，2016 年开始首轮建设，建设高校实行总量控制、开放竞争、动态调整，建设周期届满，对高校建设绩效进行评价，建设成效未达预期的予以警告或调整出局。

2017 年，教育部等部委公布了"双一流"建设高校和建设学科名单，遴选出一流大学 42 所，细分为 A 类建设高校和 B 类建设高校，遴选出 95 个一流建设学科；137 所"双一流"建设高校共计 465 个一流建设学科入选，原"211 工程"建设高校全部入选，部分高校因未达到遴选委员会确定的遴选标准，被赋予了自定建设学科的权力（44 个"自定"学科）。按照学科门类划分，理学学科 104 个，工学学科 188 个，农学学科 24 个，医学学科 42 个，哲、经、法、教、文、史、管、艺学科 107 个。"双一流"建设学科呈现较为明显的理工化倾向。2022 年，教育部等三部委公布了第二轮"双一流"建设高校及建设学科名单，从名单来看，本次不再区分一流大学建设高校和一流学科建设高校，共有建设高校 147 所，新增了山西大学、南京医科大学、湘潭大学、华南农业大学、广州医科大学、南方科技大学、上海科技大学等高校，同时进一步优化了建设学科专业布局，建设学科中，数学、物理、化学、生物学等基础学科布局 59 个，工程类学科 180 个，哲学社会科学学科 92 个。新一轮"双一流"建设还对体制机制进行大胆创新，赋予北京大学、清华大学学科建设自主权，自主遴选建设学科并自行公布、自主设定考核评价周期。当然，按照《总体方案》要求，新一轮"双一流"建设名单还公布了被警示（含撤销）的首轮建设学科名单，共 16 个建设学科被公开警示或撤销。

第二节 "双一流"建设政策的有机统一

一、"双一流"建设是中国特色和世界一流的有机统一

从全国重点大学建设阶段、"211 工程"建设阶段、"985 工程"建设阶段到"双一流"建设阶段,在世界一流大学建设的历史过程中,有一个倾向是国家对世界一流倾注了更多的精力。长期以来,"我国高校发展都遵循'追赶与模仿性逻辑',而非'自主与历史性逻辑'"[24]。新中国成立初期,我国一改国民政府"西学东渐"的历史路径,全面倒向苏联,高等教育体系也全面效仿苏联。改革开放以来,随着对外交往的日益频繁,我国与欧美等西方国家在经济领域合作日益密切,在文化教育等领域的交流合作也越来越广泛,西方大学特别是世界一流大学成为国内大学纷纷效仿的样本,就像我们许多城市与西方国家结为友好城市或兄弟城市一样,我们全面加强了与西方大学的战略合作伙伴关系。首轮"双一流"建设期间,我们众多大学也不假思索地沿循西方大学的成长路径,将西方大学的发展模式奉为圭臬,很多省份均强化"双一流"建设的量化指标,譬如 ESI 学科数量、大学排名等,忽视了我国独特的国情、历史和文化,盲目模仿西方大学成长路径。虽然在首轮建设周期内,"双一流"建设高校在指标意义上的"一流"建设取得不俗成就,但是在中国风格、中国气派等方面还存有不少遗憾。

中国特色是我国高等教育体系实现"世界一流"的逻辑起点,习近平总书记一再强调:"办好中国的世界一流大学,必须有中国特色。"[25] 因此,

新一轮"双一流"建设期间,在"双一流"建设实践进程中,建设高校既要认真学习借鉴世界上一切优秀的、先进的办学治校经验,尊重一流大学成长的内在规律;更要时刻牢记习近平总书记的谆谆教诲,坚持"中国特色"。当前,要理清楚、搞明白何谓"中国特色",坚持党对高校的全面领导是中国特色,立德树人培养德智体美劳全面发展的建设者和接班人是中国特色,哲学社会科学学科体系是中国特色,等等,要深刻认识到"中国特色"的重要意义和价值。北京大学之所以成为国内顶尖大学、世界范围内有重要影响力的大学,是因为不是北京大学办在中国,而是长在中国。失掉中国特色便失掉了优势,失掉了竞争力,没有竞争力又何谈一流?因此,建设高校要结合时代特色、立足中国国情,进一步深挖中国特色,只有"双一流"大学中国特色越来越明显,距离世界一流才越来越近。

二、"双一流"建设是服务国家需求和追求大学一流的有机统一

大学曾被誉为远离于尘世、潜心于学问、专注于研究的圣洁之地,大学在创办初期,主要是学者基于学术志趣、个人爱好而组建的行业组织,大学更多的是从事高深学问之研究,与国家政治经济生活联系并不紧密。近代以来,世界各国普遍出台一流大学建设政策,寄希望于通过一流大学建设孕育出更多的一流科技成果、培育出更多的一流人才,在日益激烈的国际竞争中抢得先机、赢得主动。"二战"时,美国一些大学就承担了众多的科研军事研发任务,"二战"后,美国联邦政府每一次对大学的资助都与国家战略相关,都要求其积极服务于国家需求。近年来,美国涌现出众多大学服务于经济社会发展的成功案例。例如美国硅谷带动了美国科技产业的发展,推动了美国继续在世界保持领先地位。"双一流"既然是国家战略,那么相关高校当然要对国家需求进行回应。当前,"双一流"建设高校要围绕"十四五"和中长期经济社会发展,集中攻关制约经济社会发展的"卡脖子"技术,形成一批拥有自主知识产权的核心和关键技术,打破

以美国为首的西方国家对我国的技术垄断。要紧紧围绕"为谁培养人、培养什么样的人、如何培养人"等基本问题,为党和国家培养更多的德才兼备的高层次人才,为国家事业发展提供人才支撑。

"双一流"建设毕竟依赖于大学自身建设,一流大学和一流学科建设是基础、前提,服务国家战略是价值导向。在强调大学服务国家社会需求的前提下,也需要观照大学本身发展的学术逻辑。"德国现代大学之父"威廉·冯·洪堡认为,"国家决不应该要求大学直接、完全地屈服于国家需要,而是在成就大学的过程中探寻更高层面的自我成就"[29]。因此,"双一流"建设要遵循人才培养规律、教育教学规律,根据社会需求和人才培养所需,及时调整更新人才培养方案,大力加强教材建设和课程思政建设,发挥课堂育人的主渠道作用;要遵循学科发展规律,奋力建设优势特色学科,培育新兴交叉学科,推进学科交叉融合,蹚出一条差异化、特色化的建设新路;要遵循科学研究内在规律,积极探索未知领域,大力加强基础研究和应用基础研究,力争突破一些关键核心技术难题。当然,在强调服务国家战略、强调追求大学一流的同时,切忌将两者割裂开来,服务国家战略和追求大学一流从来都不是一对矛盾,而是紧密相连、相互成就的内在逻辑自洽。在新一轮"双一流"建设期间,高校需要充分发挥主观能动性,将服务国家战略发展和追求大学一流有机结合起来,使二者能够在更高的层面上实现统一。

三、"双一流"是一流大学建设和一流学科建设的有机统一

学科是大学的细胞,学科是最基础的学术组织,学科的世界一流是建成一流大学的基础和前提,没有一流学科必难产生一流大学。《总体方案》明确指出,坚持以学科为基础原则。首轮"双一流"建设,政府和大学都深入贯彻落实《总体方案》精神,高度重视、高位推进一流学科建设,但是在具体建设路径上仍需不断创新完善,学科建设呈现早期大学建设的"摊大饼"、求全责备的状态,未能结合自身优势建设特色优势学科。例如

部分高校在自定一流学科时，将学科评估为 C 的学科自定为一流学科，我们不排除学校领导班子在自定学科时有充分的考虑，不得已而为之，但是我们也不排除个别学校在自定一流学科时，没有立足学校实际和特色，没有考虑学科发展实际等，只是为了更好地集聚资源，快速上马一流建设学科，造成自定学科在新一轮"双一流"建设中被警示。相反，山西大学作为中部高校，在地理位置并不占优势的情况下，立足学科建设实际，长期坚持建设优势特色学科，使高原更高、特色更显，最终哲学、物理学在新一轮"双一流"建设中双双入选。

一流大学是长期深耕一流学科厚积薄发的结果，值得注意的是，一流大学并非一流学科的简单相加，它是学科间优势互补、多学科协同发展的结果。世界一流大学闻名于世，多与其拥有众多一流学科相关。例如普林斯顿大学的数学、麻省理工学院的物理学、牛津大学的地理学和生态学等，正是这些一流学科的发展，凝聚了一流的科研平台，吸引了一流的科研人员和一流的学生，产出了一流的科研成果，服务国家重大战略需求，进而在学术造诣和服务社会等方面取得卓越成绩，最终成长为享誉世界的一流大学。特别是当今世界，学科的交叉和知识的融合速度加快，单一学科很难取得重大成就，因此，世界一流大学在成长过程中，要特别注重一流学科之间的优势互补、多学科协同发展。"双一流"建设高校要顺应学科建设和发展趋势，搭建多学科建设平台，打破现有学科壁垒，协同攻关，协同发展，不断在特色优势学科上取得突破，逐步培养成为世界一流学科，通过多学科协同支撑世界一流大学建设。

第三节 "双一流"建设政策的继承与创新

一、"双一流"建设政策的继承

"双一流"建设是体现国家意志的战略部署，因此，在新的历史条件下，"在第一次启动'双一流'建设的时候，既要创新，也要继承，只有这样才能稳中求进、平稳过渡"[27]。"211 工程""985 工程"是"双一流"建设的逻辑起点和继承基础，它们是一脉相承、相互衔接的。"双一流"建设的继承性主要体现在：一是入选首轮"双一流"建设高校。原"211 工程""985 工程"高校悉数入选，这是典型的继承性，这种继承既是照顾历史也是回应现实。在"211 工程"和"985 工程"建设期间，国家通过多种方式，加大了对建设高校的支持力度，建设高校在政府的支持下，大力开展人才培养、科学研究、社会服务等各项工作，综合实力得到明显提升，已经成为中国大学金字塔的塔尖，成为冲击世界一流大学最有力的竞争者。如果"另起炉灶"，不仅会挫伤这些学校的积极性，而且由于入选高校基础薄弱，需要更多的资金投入、更多的时间，建设效果未必比得上现有"211 工程"或"985 工程"高校。二是"双一流"建设方式。"双一流"建设延续了"211 工程""985 工程""集中资源＋重点建设"的方式，此种建设方式极易造成教育发展的不平衡、不充分，曾被部分学者大肆批评，但客观来说，"集中资源＋重点建设"路径有其深层次的历史和社会根源。改革开放初期，资源紧缺，集中资源成为不得已的选择，现今，国家财政稳定，但也同样需要采用集中资源重点发展的方式。也正是因为"双一流"建设的继承性，因而许多地方政府和有关主管部门不仅没有减小支持力度，而且还加大了对"双一流"建设高校的支持力度，为"双一流"建设高校持续稳定健康发展奠定了坚实基础。

二、"双一流"建设政策的创新

"双一流"建设政策具有历史继承性，当然，"双一流"建设还具有与时俱进的创新性。《总体方案》高举改革创新大旗，将坚持以改革为动力列为基本原则之一，立志打破"211 工程""985 工程"造成的路径依赖，以及身份固化、竞争缺失等制度弊端。总体而言，较之于"211 工程""985工程"，"双一流"建设在很多制度上进行了革新。

（一）破除身份固化，坚持竞争择优

竞争择优，顾名思义，就是无论是一流大学还是一流学科，都是竞争出来的。这从首轮"双一流"建设高校遴选标准中可得到印证。首轮"双一流"建设，专家委员会确定的遴选标准主要有国家三大奖、第四轮学科评估结果、ESI 数量以及大学排名等指标，入选高校要么综合实力强，要么在某一项上比较突出。例如宁波大学因为获得自然科学二等奖而入选首轮"双一流"建设名单。当然，首轮"双一流"建设在竞争择优方面仍存在一定不足，例如全部"211 工程""985 工程"高校都入选"双一流"建设名单，一些"211 工程"高校尚不符合专家委员会制定的遴选标准，但专家委员会赋予其通过自定建设学科的方式进入"双一流"建设名单的权限，因此，"竞争择优"在一定程度上打了折扣。但是我们也应当看到，仍然有几十所"双非"高校入选，实现身份的华丽转身。

2022 年，山西大学哲学、物理学入选新一轮"双一流"建设学科名单，这充分体现了"双一流"建设的竞争择优机制。山西大学是省属高校，无论在区位优势、政策支持还是资源获取等方面均不占优势，但山西大学多年来坚持蹚出一条自主特色化学科建设道路，做到了使特色学科特

色更鲜明、优势学科优势更凸显,入选学科哲学、物理学都是基础学科,因此,可从侧面反映出"双一流"建设坚持竞争择优。此外,新一轮"双一流"建设名单还公布了警示或撤销学科名单,一些高校或学科因首轮"双一流"学科建设成效不明显或未达到预期目标,被公开警示或撤销,这也体现了"双一流"建设打破身份、竞争择优的原则。

(二)摒弃申报制,采取专家认定遴选

"211工程""985工程"均采取项目申报方式,项目申报流程通常是教育部通过印发文件等方式正式下发通知,明确项目申报时间、申报条件、具体申报要求和程序,地方政府、高校都会及时学习贯彻文件精神,积极行动、迅速响应、着手申报,教育部组织同行专家学者进行评审。此种申报方式有诸多弊端,例如若"211工程"每期入选高校有20个,可能会有100所以上高校申请,每一所申请高校都会花费大量的人力、物力,不少高校还专门成立"211工程"建设办公室等,造成了大量的社会资源浪费。

"双一流"建设摒弃申报制,选用遴选制。首先,教育部成立"双一流"遴选专家委员会,由政府有关部门、高校、科研机构、行业组织人员组成。专家委员会制定遴选标准,例如新一轮"双一流"建设就摒弃了ESI指标,引入了重大项目、重大奖项等指标,如国家社科基金重大项目、高等学校科学研究优秀成果奖(人文社会科学)等。其次,在遴选程序上,坚持公平公正、开放竞争,专家委员会依据制定的遴选标准,结合高校办学质量、学科水平、主要贡献、办学条件等,采取认定方式确定"双一流"建设高校,"这种做法杜绝了不正常的人情往来,不干扰高校正常教学科研秩序,有利于学校把精力和重心放到自身内涵建设上来"[28]。最后,专家遴选委员会根据遴选标准确定入选建设高校建议名单,由教育部等相关部委审议确定建议名单,报国务院批准。可见,"双一流"遴选程序与"211工程""985工程"的遴选程序有很大的不同,"双一流"建设不再组织高校申报,高校无须花费大量的人力、物力、财力申请,减轻了高校的负担,避免了时间和资源的浪费。

（三）建立动态调整、能上能下的机制

"双一流"建设政策的重大创新在于建立了动态调整、能上能下的机制。经多年建设，"211 工程""985 工程"成效显著，却引发身份固化、终身制、竞争缺失等问题，入选高校会有躺一躺、歇歇脚的心态。当然，为了激发高校的主动性、积极性，同时也为了更好地加强学科建设，教育部出台了"优势学科创新平台建设"项目，该项目面向拥有特色和优势学科的非"985 工程"高校，并给予一定的财政支持。此后，国家还实施了"2011 计划"。可见，国家引进了竞争机制，力图克服身份固化、竞争缺失的问题，不过，无论是"985 平台"，抑或是"2011 计划"，能够入选的高校都是凤毛麟角，对许多高校来说还是可望而不可即的。

为有效解决身份固化、竞争缺失的问题，《总体方案》明确"双一流"建设实行总量控制、开放竞争、动态调整，每 5 年为一个周期。2017 年，时任教育部部长陈宝生表示："'双一流'遴选范围，部属高校和地方高校是平等的。都在这个范围之内，只要你认为有这个本事、条件，你就多一点自信。也就是说，我们同等对待部属高校和地方高校，建不了一流大学，可以建一流学科。"[29] 从首轮"双一流"入选高校名单来看，一些地方"双非"高校顺利入选，从新一轮"双一流"入选高校名单来看，不仅有一些未进入"211 工程"的地方高校入选，而且一些以"211 工程"高校身份入选首轮"双一流"建设名单的，因为期满建设绩效评价未达预期而被警示或撤销，这充分诠释了"双一流"建设建立了动态调整、能上能下的良性机制。这有利于督促入选高校始终保持危机感，奋发有为加大学科建设力度、培养更多一流人才、产出更多一流成果，同时，为一些高校打开了前进的大门，使其确定了努力奋进的目标。更为关键的是，营造了高等教育领域良性竞争的态势，促进我国高等教育高质量跨越式发展。

第四节 "双一流"建设政策的深层结构

"从全国重点大学建设到'211 工程''985 工程'再到'双一流'建设，每次重点高校建设政策的制定与实施都是基于当时国家政治体制、社会经济发展水平以及高等教育自身发展状况等进行综合考量的结果"[30]，可见，独特的历史、文化和国情，是"双一流"建设政策的深层社会结构。

一、立足我国独特的历史

每个人都是从历史中走来的，无不打上各自历史的印记，这也适用于高等教育发展。1937 年，中国共产党毅然创办了陕北公学。提及陕北公学，最著名的就是"三分军事、七分政治"，这是对我党自主创办高等教育的最鲜明的诠释。1949 年 12 月，中央人民政府政务院作出了《关于成立中国人民大学的决定》，中国人民大学是新中国在陕北公学、华北联合大学、华北大学的基础上，组建的第一所新型正规大学，1992 年，中国人民大学正式确立"实事求是"的校训。中国人民大学历经长期的办学实践，发展成为以人文社会科学为主的国内顶尖大学，享有"人文社会科学高等教育领域的一面旗帜"的美誉。纵览中国人民大学的发展历程可以看出，独特的历史是中国人民大学建设和发展的根本支柱，红色基因是中国人民大学最根本的底色。"双一流"建设是对"211 工程""985 工程"重点高校建设政策的继承，也是基于我国大学的发展都要立足于我国独特的历史、高等教育独特的历史、大学自身发展独特的历史。有学者指出，经过"211 工程""985工程"多期建设，建设高校已经具备了较强的实力和稳固的基础，"双一流"建设要认可以往的成果，不应该"另起炉灶"，否则会浪费巨大的社会资源。"双一流"入选高校也是我国独特历史的一个缩影。

二、立足我国独特的文化

大学是学术自治组织，大学也是社会组织，大学脚踏中国大地从历史中走来，其已深深地烙上了中国文化的印记。我国历史文化重视社会本位，对个人意识、个性观念重视不足，新中国成立后，经过三大改造，我国建立起社会主义制度体系，在文化方面，国家注重弘扬集体主义文化思想，这一文化思想传统也反映在我国高等教育领域。近30年来，从高等教育政策目标来看，无论是坚持面向国家重大战略需求和区域经济社会发展需求，还是坚持"四个服务"，体现的都是一种社会需求逻辑，考虑更多的是国家的需要、社会的需要、集体的需要，而非大学的需要、个体的需要，这正是社会本位、集体主义文化观念在教育领域的体现。因此，"双一流"建设非但不能脱离社会本位的文化传统，还要继承和弘扬该文化传统，以社会发展为己任，注重培养学生服务国家、服务社会的意识；注重引导科研工作者扎根中国大地、解决中国问题、提出中国方案，将更多的科技成果运用到广袤的祖国大地上，为国家富强和人民幸福作出贡献。

三、立足我国独特的国情

"双一流"建设不能脱域，反而要扎根中国大地，中国国情是中国最大的现实。"双一流"建设要立足我国独特的国情，例如要正确认识政府与大学的关系。我国政府与大学的关系脱胎于计划经济体制，政府既是大学的投资者、举办者，也是大学的监督者。虽然《教育法》、《中华人民共和国高等教育法》（以下简称《高等教育法》）赋予了大学办学自主权，但是政府还是通过行政许可的方式，掌握大量本该属于大学的权力。虽然政府通过"管办评"改革、"放管服"改革等举措赋予了大学更多的办学自主权，但是政府对大学的控制依然严格。"双一流"建设要推动政府与大学之间关系的变革，也要客观地认识到，政府控制模式亦有一定的合理性，特别是在当前，大学要完全摆脱政府的控制是不可能的，正如"战争非常重要，不能完全交给将军决定一样"，"双一流"建设非常重要，不能完全由大学自主决定。又如在人才培养目标上，"双一流"建设高校要立足我国独特的国情，要紧紧围绕习近平总书记在全国高校思想政治工作会议上的重要讲话精神，紧扣"培养什么样的人、为谁培养人、怎样培养人"等基本问题展开，为国家和社会培养建设者和接班人。我国是社会主义国家，正处于并将长期处于社会主义初级阶段，这是我国最大的国情。当前，应在扎根中国大地、立足独特国情的基础上，坚持与时俱进、开拓创新，保持本土性与开放性的统一。

第 三 章

首轮"双一流"建设的成效评价

2017 年，首轮"双一流"建设名单公布，"双一流"专家遴选委员会按照遴选标准、遴选程序共计遴选出 137 所高校、465 个学科。同年 9 月，三部委负责人特别说明，"此次遴选认定所产生的是'建设'高校及'建设'学科，'重在建设'"①。2020 年是"十三五"收官之年，也是承上启下、全面擘画"十四五"之年，更是首轮"双一流"建设收官之年，首批"双一流"建设高校迎来周期总结。

2020 年，教育部办公厅下发了《关于开展 2016—2020 年"双一流"建设周期总结工作的通知》，要求"双一流"建设高校开展首轮建设总结工作。文件下发后，"双一流"建设高校按照教育部要求，陆续部署召开总结工作布置会，聘请专家学者对首轮"双一流"建设成效进行自评，客观全面总结"双一流"建设自启动以来，学校各项工作取得的进展与存在的不足。2021 年，教育部、财政部、国家发展改革委联合印发《"双一流"建设成效评价办法（试行）》（以下简称《评价办法》），明确"双一流"建设成效评价以中国特色、世界一流为核心，突出培养一流人才、产出一流成果、主动服务国家需求，重点评价《总体方案》五大建设任务和五大改革任务，综合主客观因素，考查和评价高校和学科的建设成效。教育部也通过新闻发布会等方式公布官方评价。总体来说，正如时任教育部部长陈宝生所言，"首轮'双一流'建设成绩令人振奋、令人鼓舞"。

第一节　首轮"双一流"建设取得的成绩

一、"双一流"建设高校首轮建设成效量化指标分析

（一）国家级奖励荣誉

1. 国家最高科学技术奖

国家最高科学技术奖是我国 5 个国家科学技术奖中最高等级的奖项，授予在当代科学技术前沿取得重大突破或者在科学技术发展中有卓越建树，在科学技术创新、科学技术成果转化和高技术产业化中创造巨大经济效益或者社会效益的科学技术工作者。斩获该奖项足以证明在我国和世界取得一流成果。首轮"双一流"建设周期内，中国科学院大学、哈尔滨工业大学、中国人民解放军陆军工程大学、南京理工大学 4 所高校分别斩获了国家最高科学技术奖。毋庸置疑，4 所高校在相关学科领域取得了国内一流成果，甚至是世界一流成果，填补了相关领域技术空白。可以说，4所高校在相关领域取得的成绩是"双一流"建设政策效果的直接体现。

2. 国家自然科学奖

国家自然科学奖授予在基础研究和应用基础研究中，阐明自然现象、特征和规律，作出重大科学发现的公民。从 2016—2019 年高校科学研究优秀成果奖（科学技术）的统计情况来看，清华大学获得国家自然科学一等奖 20 项（含特等奖 1 项），北京大学获得国家自然科学一等奖 16 项，上海交通大学获得国家自然科学一等奖 15 项，南京大学获得国家自然科学一等

奖 13 项，浙江大学获得国家自然科学一等奖 11 项。在一流学科建设高校中，北京科技大学获得 3 项国家自然科学一等奖，位居一流学科建设高校首位。"双非"高校中，南京医科大学、哈尔滨医科大学、广东工业大学等高校获得 2 项国家自然科学一等奖，表现亮眼。

3. 国家技术发明奖

国家技术发明奖主要授予运用科学技术知识做出产品、工艺、材料及其系统等重大技术发明的公民。清华大学和北京航空航天大学分别获得 10 项国家技术发明一等奖，并列第一；大连理工大学获得 6 项国家技术发明一等奖；上海交通大学、浙江大学、东南大学分别获得 5 项国家技术发明一等奖；北京大学仅获得 1 项国家技术发明一等奖。在一流学科建设高校方面，北京交通大学获得 3 项国家技术发明一等奖，位居一流学科建设高校首位。

4. 国家科学技术进步奖

国家科学技术进步奖主要授予在技术研究、技术开发、技术创新、推广应用先进科学技术成果、促进高新技术产业化，以及完成重大科学技术工程、计划等过程中作出创造性贡献的中国公民和组织。上海交通大学获得 17 项国家科学技术进步一等奖；浙江大学获得 14 项国家科学技术进步一等奖；清华大学获得 7 项国家科学技术进步一等奖，数量不多，但是清华大学 7 项一等奖中含特等奖 1 项；华中科技大学获得 6 项国家科学技术进步一等奖；北京大学获得 5 项国家科学技术进步一等奖。在一流学科建设高校中，中国人民解放军海军军医大学获得 5 项国家科学技术进步一等奖，中国矿业大学等一流学科建设高校获得 3 项国家科学技术进步一等奖。"双非"高校中，江苏大学、扬州大学等分别获得 3 项国家科学技术进步一等奖。

5. 高等学校科学研究优秀成果奖（人文社会科学）

高等学校科学研究优秀成果奖（人文社会科学）是国内高校人文社科领域的最高奖项，是为了表彰在人文社会科学研究领域作出突出贡献的人员。2020 年 12 月，第八届高等学校科学研究优秀成果奖（人文社会科学)评选结果揭晓,该奖项是在首轮"双一流"建设周期内唯一的评选奖项,囊括了近5年高校人文社科领域的代表性成果。评选结果显示:共有1539项成果获奖,其中,著作论文奖1241项,咨询服务报告奖77项,普及读物奖20项,青年成果奖201项。共有221所高校获奖,其中,有38所"双一流"大学建设高校获奖,共计872项,占比约56.7%;有61所"双一流"学科建设高校获奖,共计373项,占比约24.2%。"双一流"建设高校总计获奖占比约80.9%。此外,北京大学获奖103项,稳居第一,排名第二至第五的是中国人民大学、复旦大学、清华大学、武汉大学,分别获得84项、72项、59项、59项。此外,另有38所"双一流"建设高校未能获奖。

(二)两院院士增选结果

首轮"双一流"建设期间,两院院士进行了两次增选。2017年,中国科学院选举产生了77名院士,其中包含16名外籍院士。来自高等院校的有33人,高等院校院士占比约为42.9%,其中,包括燕山大学(1名)、昆明理工大学(1名)、陆军军医大学(1名)、南方科技大学(1名)(非首轮)非"双一流"建设高校,也就是说,总计有29名院士来自"双一流"建设高校,占比约为37.7%。中国工程院选举产生83位院士,其中包含18位外籍院士。来自高等院校的有31人,高等院校院士占比约为37.3%,其中,包括海军工程大学(1名)、天津工业大学(1名)、昆明理工大学(1名)、浙江工业大学(1名)、湖南商学院(1名)为非"双一流"建设高校,也就是说,总计有26名院士来自"双一流"建设高校,占比约为31.3%。

2019年,中国科学院选举产生84名院士,其中包含20名外籍院士。来自高等院校的有35名(全部为"双一流"建设高校),占比约为41.7%。中国工程院选举产生75位中国院士和29位外籍院士。来自高等院校的有34名,占比约为45.3%,其中,浙江理工大学(1名)、湖南农业大学(1名)、温州医科大学(1名)、中国医科大学(1名)、哈尔滨医科大学(1

名)为非"双一流"建设高校,也就是说,总计有 29 名院士来自"双一流"建设高校,占比约为 38.7%。

在首轮"双一流"建设周期内,从新增院士指标来看,"双一流"建设高校,特别是一流大学建设高校成绩显著。

(三)第五轮学科评估结果

2020 年,教育部发布《第五轮学科评估工作方案》。2022 年 7 月 25 日,教育部学位与研究生教育发展中心对外披露,第五轮学科评估已顺利完成,但并未向社会公开发布评估结果。新闻媒体对第五轮学科评估进行了预分析,但是这显然不能客观反映首轮"双一流"建设成效。也正是基于此,本书无法从第五轮学科评估的视角分析首轮"双一流"建设成效。

二、"双非"高校首轮建设成效量化指标分析

(一)国家级奖励荣誉表现

在首轮"双一流"建设周期内,72 所"双非"高校共计获得 115 项国家科学技术奖。其中,华南农业大学、扬州大学、首都医科大学、南京工业大学等均获 3 项及以上国家科技奖励,表明"双非"高校同样具有较高的科技自主创新能力和学术研究水平,其实力远超过一些"双一流"建设高校。以"双一流"新晋高校——山西大学为例,2020 年国家三大科技奖评比中,山西大学荣获 2 项二等奖,分别为国家自然科学奖二等奖和国家科技进步奖二等奖。

(二)两院院士增选

首轮"双一流"建设期间,浙江工业大学、海军工程大学、中国医科大学等"双非"高校共计新增 18 位院士。2017 年,昆明理工大学新增 1 位中国科学院院士和 1 位中国工程院院士,位列"双非"高校榜首;南方

科技大学、南京工业大学、燕山大学等"双非"高校也均有新增院士。

综上，从国家级奖励、高等学校科学研究优秀成果奖（人文社会科学）、院士增选等指标来看，发展较好的部分"双非"高校表现超过待发展的"双一流"建设高校，可能由于"双一流"遴选政策具有典型的继承性，要继承"211 工程""985 工程"先期建设成果，故一些建设成效一般的高校均被纳入"双一流"建设范围。此外，"双非"高校虽然在某一个指标上表现抢眼，但是"偏科"现象严重，综合实力尚待提升，因此在新一轮"双一流"建设周期内，"双非"高校在做大做强优势特色学科的基础上，也要加强学校综合实力建设，争取早日入围"双一流"建设高校行列。

三、"双一流"建设高校自评结果分析

为落实教育部《关于开展 2016—2020 年"双一流"建设周期总结工作的通知》，自 2020 年 8 月，137 所"双一流"建设高校相继开展周期总结工作。通过网络查询、细分梳理高校自行公布的专家评价报告等方式进行概括，具体如下。

（一）"双一流"大学建设高校首轮建设周期总结工作自评情况

对网上披露的"双一流"大学建设高校自评情况进行梳理分析，主要有以下几类：一是宣布建成世界一流大学。清华大学、中国人民大学、北京航空航天大学等"双一流"大学建设高校，公开宣布圆满完成首轮"双一流"建设预期目标——建成世界一流大学。清华大学自评报告描述称，全面、高质量完成"双一流"建设任务，办学质量、社会影响力和国际声誉持续提升，全面建设成为世界一流大学。中国人民大学自评报告描述称，学校"双一流"建设过程与建设方案高度吻合，整体进入了世界一流大学行列。北京航空航天大学自评报告描述称，其已具备了世界一流大学的主要特征。二是对首轮"双一流"建设成效进行总括性描述。例如全面实现世界一流大学预期建设目标，或者奠定坚实基础、开创全新格局、形成强

势态势，又或者探索出中国特色世界一流大学建设道路等。此类大学包括北京大学、复旦大学、浙江大学等。

（二）"双一流"学科建设高校首轮建设周期总结工作自评情况

主要有圆满完成"双一流"建设预期目标，或者高质量完成建设任务等。北京理工大学、南京大学自评报告描述称，实现了既定的"双一流"建设目标。大连理工大学、东北大学自评报告描述称，高质量地完成了建设任务。总的来说，"双一流"学科建设高校自评结果都是完成或超额完成既定目标任务，无一例自评认为未达标或不合格等。

通过对首轮"双一流"建设自评和专家评议结果进行盘点，总体来看，从自评专家组给出的评价结论来看，首轮"双一流"建设期间，"双一流"建设高校全面贯彻落实习近平新时代中国特色社会主义思想和习近平总书记关于教育的重要论述，认真贯彻落实《总体方案》等文件精神，在人才培养、科学研究、社会服务、文化传承创新、国际交流合作等方面均取得显著进步，为新一轮"双一流"建设开好局、起好步，为"双一流"建设既定目标的实现奠定坚实基础。

四、教育主管部门对首轮"双一流"建设成效的评价

2020 年 9 月，在 2020 教育金秋系列发布会上，针对多所高校发布的"双一流"建设专家评议结果，教育部正面回应指出："经过这五年的建设，相关学校不断地汇聚优质教育资源，不断地加强内涵建设，取得了一定的阶段性成果。但是我们也要清醒地看到，我们国家高等教育的整体实力和世界一流大学相比还有不小的差距。"[①] 2021 年 1 月，时任教育部部长陈宝生在全国教育工作会议上讲话指出："首轮'双一流'建设成果令人鼓舞、

---

① 黄晓冬. 教育部：引导双一流建设高校进一步加大改革，推进我国高等教育整体实力和国际竞争力提升 [EB/OL]. [2022-01-30]. https://news.sina.com.cn/o/2020-09-27/doc-iivhvpwy9162459.shtml.

令人振奋。"① 根据教育部相关政策会议、文件披露的信息，经总结梳理，教育主管部门评价主要分为以下几个方面。

（一）高校党委对"双一流"建设工作的领导全面加强

"双一流"建设高校全面贯彻习近平新时代中国特色社会主义思想和习近平总书记关于教育的重要论述，深入落实党的教育方针，加强学校党委对全校工作的全面领导，增强"双一流"建设的决策力、领导力、执行力。多数"双一流"建设高校都成立了书记、校长任组长的"双一流"建设领导小组，定期召开专题会议，统筹推进"双一流"建设。浙江大学等"双一流"建设高校持续加强党建工作，创新党组织运行机制，完善学校学院二级党组织书记抓基层党建述职评议考核工作制度，实施基层党支部"对标争先"建设计划、教师党支部书记"双带头人"计划等，党组织对"双一流"建设的领导力、统筹力全面增强。合肥工业大学等"双一流"建设高校，成立党委教师工作部，加强教师师德师风建设，在教师招聘、聘期考核、职称晋升以及重大人才计划推荐、评奖评优等方面严把师德关，实施师德负面清单和一票否决制度，打造一支品行高尚、德艺双馨的高素质师资队伍。中央财经大学创新思政育人模式，深化思政课程教学改革，推进习近平新时代中国特色社会主义思想"三进"工作，用社会主义核心价值观武装学生头脑，大力推进思政课程建设，深入挖掘专业课中的思政元素，引导广大青年学子听党话、跟党走，为新时代中国特色社会主义培养一批又一批德才兼备的建设者和接班人。

（二）建设高校认真践行为党育人、为国育才的初心和使命

"双一流"建设高校全面贯彻落实习近平总书记重要指示精神，聚焦"培养什么人、怎样培养人、为谁培养人"这一根本问题，全面落实立德树

---

① 陈宝生.乘势而上 狠抓落实 加快建设高质量教育体系——在2021年全国教育工作会议上的讲话[EB/OL].[2022-01-30].https://www.eol.cn/news/yaowen/202102/t202102 042074923.shtml.

人根本任务，坚持以本为本，把本科教育放在人才培养的核心地位，教育引导学生筑牢理想信念、锤炼高尚品格、扣好人生的第一粒扣子、筑牢人生成长发展的基础。清华大学汇聚教学合力，引导教师重视教学工作，出台政策鼓励引导长聘教授投入教育教学工作中，要求教研系列教师有至少40%的工作量用于课堂教学，至少有5%的工作量用于课外的学生指导工作。合肥工业大学系统集成"立德树人、能力导向、创新创业"三位一体的教育教学体系，要求教授走上讲台为学生讲课，并将教师岗位分为教学型、教学科研型、科研型。一方面，加大对教师的教学考核力度，教学考核达不到优秀等次的，无法参与年度职称评审。另一方面，根据不同类型的教师设置不同的职称评审办法：教学型教师主要评价教学工作量和教学工作业绩，对科研不做过多过高的考核。此外，将教学考核与绩效分配挂钩，短周期主要考核教学工作，教学工作达标即可领取相应的绩效；长周期主要考核科研成果。通过考核评价引导更多更优秀的教师走上讲台，传道授业解惑。上海交通大学通过企业兼职导师指导、产学研项目合作等方式，针对行业需求，精准定制培养所需的技术人才，既满足了企业对技术人才的需求，又提升了学生的实践能力、创新能力。

（三）建设高校自觉服务国家战略需求和区域经济社会发展

服务国家战略需求和区域经济社会发展是"双一流"建设高校的责任与担当。"双一流"遴选标准之一就是服务国家战略需求，建设期限届满，也要考核是否达到了服务国家战略需求的指标。首轮"双一流"建设期间，建设高校主动调整学科布局，充分发挥科研优势，主动对接国家和区域重大需求，在一些关键领域取得一批核心知识产权，在部分领域由跟跑到并跑再到领跑，打破了国外多项技术垄断，解决了我国经济社会发展"卡脖子"的问题。例如西南交通大学、北京交通大学等高校，集中科研力量，攻关轨道交通技术，取得了一批重大科研成果，制定 ISO 铁路轨道质量检测领域国际标准。上海交通大学创新了海上大型绞吸疏浚装备的完整技术体系，技术水平跃居世界前列。兰州大学攻克疫情防控治理模型，科学预测疫情传播范围、传播速度、传播途径等，为国家疫情防控提供了科学的政策咨询。兰州大学还建立自然灾害预警系统，积极参与三江源和祁连山生态环境保护，为我国构建绿色屏障提供智力支持。合肥工业大学形成了以"企业出题、政府立题、高校解题、市场阅卷"为理念的需求传导型政产学研用"合工大模式"，扎根江淮，将科技成果在皖就地转移转化，推进区域经济社会高质量发展，"合工大模式"也赢得了安徽省委的高度赞誉。据统计，首轮"双一流"建设期间，"双一流"建设高校在国家重大科研项目中发挥主力作用，共承担61%的国家自然科学基金资助面上项目、73%的国家科学基金重大项目，科研实力和水平进一步增强；"双一流"高校积极服务国家和区域重大战略需求，加快推进科技成果转化，为经济社会发展提供技术支撑。

总之，首轮"双一流"建设期间，建设高校紧紧围绕"培养什么人、怎样培养人、为谁培养人"这一教育的根本问题，坚持党的领导，落实立德树人根本任务，扎根中国大地办大学，在人才培养、科学研究、社会服务、文化传承创新、国际交流合作等方面取得不俗成绩，学科实力和大学综合实力稳步提升，与世界一流大学之间的差距越来越小，部分学科领域和方向已经达到世界一流水平，为新一轮"双一流"建设奠定了坚实的基础。

第二节 首轮"双一流"建设存在的不足

一、"双一流"建设诱发高等教育发展不平衡、不充分

《总体方案》明确指出,"双一流"建设不人为划定身份、层次,不把高校划分为三六九等。同时,"双一流"建设实行总量控制、开放竞争、动态调整,即在遴选标准上,坚持竞争择优,避免资源平均分配造成整体建设水平不高,但是竞争择优、重点建设也可能滑向政策反面,造成高等教育发展不平衡、不充分。此种情况在首轮"双一流"建设中已有所体现,部分地区表现比较明显。

(一)区域高等教育发展不平衡、不充分

当前,优质高等教育聚集的地区多半是经济发达的地区,这些省份财政收入充裕,对高等教育资源的需求和投入强烈,因此,《总体方案》出台后,各地纷纷出台政策加大"双一流"建设的支持力度,最为明显的表现是,纷纷加大对本地区内建设高校的资金投入。如前所述,"十三五"期间,广东省拟投入 100 亿元重点建设 11 所地方高校,仅开局之年(2016年),广东省就投入 20 亿元建设高水平大学。相较之下,西部省份贵州省"十三五"期间拟投入 5 亿元,推进区域内大学和学科"双一流"建设,仅是广东省 2016 年投入的四分之一。投入的"一多一少"势必会加大高等学校之间的差距,产生马太效应,强者恒强、弱者恒弱,因此,在"双一流"建设政策的引导下,省域高校之间的差距不是缩小了反而是加大了。

（二）高校之间发展不平衡、不充分

一方面，经济发达省份高校乘国家政策东风，获得充足的资金投入，开始重金引进高层次人才，加大学科平台建设等，甚至出现挖人现象，网上不时传出东部某高校将西部某高校的知名教授、教授团队成建制地挖走，造成西部高校学科专业的快速衰落，这种现象势必会加大东部和中西部高校之间的差距。另一方面，入选"双一流"建设名单高校，获得政策和资源等多种加持，迎来了前所未有的发展机遇，相反，未入选高校本身发展基础薄弱，在竞争中处于劣势地位，加之投入的"一多一少"，造成没有列入"双一流"建设名单的大部分地方高校、高职高专的发展环境更差。

（三）学科专业之间发展的不平衡、不充分

一些大学为使自己的优势学科进入"双一流"建设行列，重点加大了对这些优势学科的投入，这种集中投入的方式直接造成大学内部学科之间发展的不平衡。2015 年，南开大学、中山大学、山东大学、兰州大学等综合性大学，对其教育学院、高等教育研究所等教育相关机构进行了不同程度的调整或撤裁。裁撤的理由是调整优化学科专业结构，但是，高校学科的发展离不开良好的学科生态，离不开学科群的整体协调发展，强大的工科需要强大的理科作支撑，强大的理科也离不开强大的社会科学，单一学科的优势不一定能带来整个学校发展的良好生态，反而会加剧其整体的不平衡、不充分。

二、"双一流"建设高校建设主体地位不凸显

教育部、财政部、国家发展改革委印发的《关于高等学校加快"双一流"建设的指导意见》（以下简称《指导意见》）进一步明确了建设高校的责任主体、建设主体、受益主体地位，但实际上，在创建世界一流大学的

历史进程中，尽管高校在政策制定、实施过程中有参与、有建言，但基本上也仅限于参与和建言。例如被高等教育界奉为美谈的"835建言"，在北京大学100周年校庆的历史契机中，学校的建言在政府出台的重点大学建设政策中发挥了重要作用。但客观地说，在中国高等教育管理体制下，"政府通过制度供给、经费支持、评估问责等多种方式干预着大学的办学进程"[31]。政府集多种角色于一身，实际上掌控着中国高等教育的发展进程，"211工程""985工程""2011计划"等系列政策的出台都是遵循政府主导的"自上而下"式路径，各类科技研发项目，各类人才的入围评选、运作管理也均由政府相关部门负责，大学在创建世界一流大学政策话语体系中的声音非常微弱，处于被管理的地位。"双一流"建设学科是专家遴选委员会依据一定标准遴选的，而非建设高校立足学科特色优势自主确定的。首轮"双一流"建设期间，专家委员会依据国际性学科排名、国家自然科学奖、学科评估结果等标准遴选出465个一流建设学科，其中，理工类学科有358个，人文社科类学科仅有107个，造成"双一流"学科建设中学科比例严重失衡，理工化明显。此外，部分学科高频次重复入选，材料科学与工程学科入选30次（含3个自定建设学科），化学学科入选25次（含3个自定建设学科）。究其根源，这与我国长久以来的高等教育管理体制以及政府作为创建世界一流大学的主要经费供给方的角色定位紧密相关。

三、能上能下的动态调整机制尚未真正建立

多年来，通过重点大学建设、"211工程"、"985工程"等重点建设，一批重点高校和重点学科建设取得重大进展。在看到成绩的同时，也应看到身份固化、竞争缺失、重复交叉现象严重等问题。1954年，国家仅指定6所全国重点大学，到1978年，全国有88所院校被确定为全国重点大学，"211工程"又扩展到112所。综观重点大学建设、"211工程"、"985工程"等，多年来，没有入选高校被淘汰出局，入选后就是终身受益，可以永久享受国家给予的政策支持、财政投入等。也正是因为"211工程""985

工程"建设高校身份固化、竞争缺失等缘由，国家决定统筹推进"双一流"建设。《总体方案》明确指出，要打破身份固化、竞争缺失的状况，坚持竞争择优、能上能下、动态调整。从"双一流"遴选结果来看，首轮"双一流"建设共有 137 所高校、465 个学科入选，其中一流大学 A 类高校 36 所，B 类高校 6 所。第二轮"双一流"共有 147 所高校入选，第二轮"双一流"建设名单公布的同时，也公布了警示、撤销、调整学科名单，但没有一所高校被调整出"双一流"建设名单，因此有学者称"双一流"建设依然是只进不出。

新一轮"双一流"建设名单更新，仍然是只进不出，这其中有一些合理性的考虑，例如事实上，首轮"双一流"建设于 2016 年启动，5 年时间，对于建设世界一流大学和一流学科来说，无疑是短暂的，在这极短时间内要求建设高校取得实质性突破不符合教育发展规律。此外，国家投入建设资金巨大，贸然将高校调整出"双一流"建设范围，既不利于"双一流"建设的延续性，违背了学科建设规律，也不利于建设资金产出实质成效。更为关键的是，"双一流"已成为省域高等教育发展的集中展现，"双一流"建设高校在生源、师资引进等方面占据较大优势，因此，"双一流"承载了所属区域政府和人民的心声与意愿，调整出局则要承受巨大的社会舆论压力，让一省及所辖人民难以接受。但是，如果不能建立健全能上能下、动态调整的机制，其引发的弊端也是非常明显的：一方面，入选高校缺乏危机意识，缺乏精益求精、争创一流的信心和决心。此外，一些高校入选本身就带有照顾性质，如果不加以纠正，对一些潜在入围高校本身不公平。另一方面，"双非"高校入选机会渺茫，难以通过加强内涵式发展改变命运，进取的积极性容易被挫伤。这就会造成高等教育发展丧失活力，禁锢了高等教育良性生态的形成。

四、"双一流"建设理工化倾向明显

首轮"双一流"建设，专家遴选委员会采用国家三大奖、学科评估结果、ESI 排名等指标组成的遴选标准体系，这使得在一流学科遴选过程中，理工类学科具有很大优势，这也体现在首轮遴选结果上。首轮"双一流"建设遴选出 465 个一流建设学科，其中，理工类学科有 358 个（理学门类 104 个，工学门类 188 个，农学门类 24 个，医学门类 42 个），占比约为 77%；人文社会科学类学科仅有 107 个，占比约为 23%。此外，从具体学科来看，材料科学与工程入选 27 个，连同自定学科 3 个，共 30 所高校将该学科定位为一流建设学科；化学一级学科认定的有 22 个，加上自定的 3 个，合计也有 25 所高校将之作为一流建设学科；人文社会科学类学科中最多的是法学、中国语言文学、马克思主义理论、政治学，都是"5+1"，即 5 个认定的学科加 1 个自定的学科。可见，自然科学与人文社会科学一流学科在数量上差异十分明显。我国正面临百年未有之大变局，与西方国家的竞争主要依赖科学技术，加之国内经济社会发展也需要先进的科技支撑，需要一批核心自主知识产权，因此理工类学科入选比例高在情理之中。但是人文社会科学是中国文化的血脉，中国哲学社会科学体系、学科体系是我们的根，这个在任何时候都不能忽视、不能弱化，关乎国计民生、社会发展、民族文化的人文社会科学类学科被挡在"双一流"建设大门之外是非常危险的事。同时，从学科建设上来说，理工类学科和人文社会科学类学科失衡也会弱化学科建设和发展，不利于构建完善协调的学科体系。此外，同一学科在数量上也不宜入选过多，就像材料科学与工程入选 30 次，不会有那么多的世界一流的材料科学与工程学科，也不可能都建设成为世界一流学科。

五、追求一流诱发一流趋同

《总体方案》、《统筹推进世界一流大学和一流学科建设实施办法（暂行）》（以下简称《实施办法》）均指出，"双一流"建设高校要努力走出一条差异化、特色化发展之路，但从首轮"双一流"建设成效观之，追求一流非但没有引导建设高校蹚出一条特色发展、差异化发展之路，反而造成建设高校一流趋同，根源在于以下几个方面。

一是目前缺乏世界一流大学和一流学科的明确定义。"为了能够获得更高的合法性，继而进入重点建设行列，模仿办学水平较高的研究型大学成为普通高校发展的捷径。"[32] 无论是应用技术型大学，还是应用技能型大学，竞相模仿（学术／应用）研究型大学的办学模式 [33]，大学在争创一流过程中迷失方向、失去定力，进而造成了大学之间的同质化发展问题。

二是建设高校热衷于大学排名。诚然，大学排名在一定程度上能够反映一所大学的建设成效，特别是世界公认的大学排行榜，既是学生报考的重要选择，也是雇主选择毕业生的一个重要依据，因此大学排名对大学改革发展的重要性不言而喻。但是在当下，大学在追求排名过程中迷失方向，希望通过排名位次的提升力证世界一流大学建设的成效，因此大学纷纷按照大学排名指标体系开展"双一流"建设，这在一定程度上造成了大学一流建设的趋同。

三是政府资源配置固化了一流趋同。如前所述，我国高校收入主要来源于政府拨款，近年来，政府鼓励高校面向社会开展办学，高校也在服务社会、企业的过程中筹集了一定的办学经费，但是政府财政拨款仍然是高校的主要财源。因此，必须按照政府财政拨款导向开展"双一流"建设，但政府财政拨款基本上因循了"985 工程""211 工程"拨款方式，很少考虑或根本难以考虑高校个性特色，即拨款的标准是综合性、标准化的，因此政府财政拨款模式无形中又引导高校按照统一的模式开展"双一流"建设。

四是"双一流"建设遴选标准、绩效考核办法等，也在一定程度上加剧了大学之间的同质化发展。《实施办法》虽提出要以中国特色学科评价为主，以国际相关评价要素辅之，但实际上，现有评价体系仍然大多根据既定的标准（学科分类）对大学进行统一性评估，即现有评估既未对高校进行分层分类评价，也没有针对不同大学职能定位开展差异性评估。"大学为了在评估中取得好的成绩，多采取'要什么给什么'和'评什么建什么'的措施，因此最终造成大学之间同质化发展的现象。"[34]

六、"双一流"建设高校重资源筹措轻制度建设

《总体方案》将"完善内部治理结构"作为五大改革任务,《若干意见》先行赋予北京大学、清华大学两校学科建设自主权,在赋权的同时,要求自主建设高校健全权责匹配的管理机制,确保自主权落地、用好。往上追溯,从"管办评"改革到"放管服"改革,近年来,国家在下放办学自主权的同时,始终强调高校要建立健全现代大学制度,推进治理体系和治理能力现代化。但是,从首轮"双一流"建设高校实际情况来看,建设高校对如何更多地筹集办学资源更感兴趣,竞相忙于与省市政府合作,争取配套资金支持;竞相忙于开展政产学研用合作,通过横向项目筹措办学资源。应该说,这是高校立足实际、争取办学资源、争创一流的积极表现。近年来,我国顶尖大学的预算收入与世界一流大学收入已相差无几,在资源投入上虽然仍处于平衡状态,但制约"双一流"建设的已经不是物质投入了。

与此相对应的是,我国大学内部治理改革进展缓慢,前些年,按照教育部统一部署,公办高校基本上建立了"党委领导、校长负责、教授治学、民主管理"的内部治理结构。为破除体制机制障碍,高校进行了校院二级管理体制改革、人事制度改革、分配制度改革以及科研、后勤等管理体制改革,加强现代大学制度建设;多所高校宣称已经建成了以章程为核心的横向到边、纵向到底的全覆盖的制度体系。高校领导在大会小会上都强调依法治学、循章办学,但是在大学内部,在横向权力方面,行政权力与学术权力冲突仍是惯常现象,党政与行政(或者党委书记与校长)之间的权限、职责仍然未能厘清,教授治学、民主管理等方面也始终未能得到优化,以校院二级管理体制改革为代表的综合改革仍未取得实质性进展。归根到底,从政府到教育主管部门再到高校领导班子,对完善内部治理、加强制度建设之于"双一流"建设的重要作用认识还不到位,在工作中缺乏推进力度。世界一流大学成长的历史表明,物质投入只是"双一流"建设的必要条件,不是充分条件,一流治理才是世界一流大学和一流学科建设的重

要保障。若不能摆脱"投入至上"的规模型建设思维的桎梏，若在实践层面仍将"双一流"建设定义为"投入产出型"模式，则可能会滋生"有钱大建设，无钱不建设"的惰性心理，以及以"双一流"之名谋办学利益之实的牟利倾向，将"双一流"建设引向歧途。

第 四 章
新一轮"双一流"建设形势分析

2022 年 2 月 14 日，新一轮"双一流"建设名单公布，标志着"双一流"建设进入一个新的阶段。在全面开启新一轮"双一流"建设之时，全面客观分析当前的形势政策，梳理出积极因素和消极因素，充分利用有利条件，谋求更大更好的发展，尽力规避不利条件，克服新一轮"双一流"建设可能遇到的问题和障碍，尽快尽好地推进新一轮"双一流"建设，早日实现新一轮"双一流"建设目标。

第一节　政府统筹推进营造良好外部环境

一、政府制定政策深入推进"双一流"建设

政府在全国重点大学建设、"211 工程"、"985 工程"、"双一流"建设等各阶段都起主导作用，政府在政策制定、颁布时通常明确政策目标。以"双一流"建设为例，《总体方案》分三个阶段擘画了"双一流"建设目标，即到 2020 年，若干所大学和一批学科进入世界一流行列，若干学科进入世界一流学科前列；到 2030 年，更多的大学和学科进入世界一流行列，若干所大学进入世界一流大学行列，一批学科进入世界一流学科前列，高等教育整体实力显著提升；到 21 世纪中叶，一流大学和一流学科的数量和实力进入世界前列，基本建成高等教育强国。为此，《总体方案》提出了建设一流师资队伍等五项建设任务，加强和改进党对高校的领导等五项改革任务。从《总体方案》规划来看，政府在统筹推进"双一流"建设过程中目标清晰、任务和举措有力。在地方，省级政府在中央政府的示范引导下，纷纷主导编制省域"双一流"建设方案。在高校，通常成立"双一流"建设领导小组，书记、校长任组长，高校自主依据发展实际，编制"双一流"建设方案。省级政府和高校在编制"双一流"建设方案时，纷纷效仿中央政府设定的建设目标，这样就自发形成了从中央到地方再到大学的目标体系，通过这一目标体系能够凝聚人心，引导全国上下一盘棋，同心同向推进"双一流"建设。目标确定后，快速行动是胜利的关键。改革开放以来，我国在推进经济建设等方面形成了高效率、快速推进等一系列

宝贵经验，这些宝贵经验也体现在政府文件中以及"双一流"建设实践中。《面向 21 世纪教育振兴行动计划》明确提出，"继续并加快进行'211 工程'建设"，《总体方案》中"加快"词频高达 14 次，凸显追赶国际先进的迫切愿望。入选"双一流"建设高校全校上下也都表达了超常规、快速推进"双一流"建设的强烈愿望，因此新一轮"双一流"建设在目标导向、行动路径等方面具有比较优势。

二、政府为"双一流"建设提供充分的财政支持

世界一流大学和一流学科建设需要充裕的资金支持，因为无论是一流的师资队伍、一流的科研平台建设，如一流的实验室、一流的图书馆等，都需要巨大的物资投入，因此，大量的资金支持也成为世界一流大学崛起的基本条件。香港科技大学快速崛起成为世界一流大学的成功秘诀是其构建了决策—执行—监督内部治理体系，另外，香港科技大学拥有充足的办学经费，可以吸引世界上最优秀的教师，可以给世界上最优秀的学生以奖学金，资助其潜心学习完成学业，以及可以建设最一流的科研平台，为一流教师、一流学生学习、科研创造优良的环境。近年来，我国高等教育发展态势良好，这与政府加大高等教育投入密不可分。据统计，"九五"至"十五"期间，国家投入"211 工程"建设资金高达 373.8 亿元，而"985工程"中央专项资金投入达 709 亿元，这在世界高等教育发展史上都是史无前例的。截至 2019 年年底，共有 30 多个省级政府投入数千亿建设高水平大学或学科，"这种自上而下、集中力量办大事的动员机制既发挥了政府的调整作用，又充分发挥了市场的杠杆作用，能最大限度地动用社会力量"[35]。充足的经费支持对世界一流大学建设的重要作用还体现在东西部高校发展失衡方面。近些年，东部高校发展势头良好，西部高校则走下坡路，一个很大的原因就是东部高校有充足的经费可以吸引一批又一批优秀人才，"一多一少"势必形成强烈反差。

《总体方案》等政策文件还赋予高校面向市场筹集办学资源的权限。与

西方国家相比，我国大学办学经费主要来源于国家财政拨款，政府财政拨款一度占据学校总收入的 70% 以上。相较而言，西方国家大学多面向市场筹措办学资源，政府拨款收入仅占很少一部分。近年来，我国大学特别是一流大学加大面向市场筹集办学资源力度，很多高校成立正处级校友工作机构，设置专门编制、配备专门人员、大力开展校友等社会捐赠工作，新闻上也时常会听到校友给母校捐款的消息。根据《2021 中国大学校友捐赠排名 100 强》，清华大学位居第一，累计获得捐赠 47.2 亿元；北京大学位居第二，累计获得捐赠 41.97 亿元。根据统计，还有 9 所大学的校友捐赠超过 10 亿元。一流大学还充分发挥科研优势，加强政产学研用，推进科技成果转化，积极筹措办学资金，应该说，当前我国"双一流"大学建设与发展有深厚的物质基础支撑。

三、国内外一流大学建设经验启示借鉴

"双一流"建设并非一项前无古人的事业，境外国家或地区较早开始世界一流大学和一流学科的创建工作，在长期的创建历程中，积累了很多值得借鉴的成功经验，借鉴世界一流大学成功经验，是后发国家赶超发展的一条捷径。早在民国时期，时任北京大学校长蔡元培就积极学习借鉴德国洪堡大学改革成果，将洪堡大学的学术自治和学术自由引入中国，同时将洪堡大学注重科学研究的职能引入中国。新中国成立初期，我国全面向苏联学习，建立苏式大学，注重对社会建设所需人才的培养，全面建立培养适应社会所需人才的院系科所等。改革开放后，国际交流合作日益频繁，政府加强了国内高校与世界各国高校的交流合作，例如"2+2"联合培养、"3+1"联合培养等。近年来，国家大力推动成立"一带一路"高校战略联盟，加强"一带一路"高校之间的交流合作。国家有计划地选派一批又一批学生出国留学，越来越多的学者出国学术交流，学成归国之后，将国外一流大学好的经验做法引入国内。国内学者也开始加强对国外一流大学建设经验、国外政府推进一流大学建设政策等方面的研究，为国内高校一流

大学建设提供经验借鉴。清华大学借鉴国外顶尖大学的本科教育计划,形成独具特色的清华大学 SRT 模式。此外,在借鉴西方世界一流大学建设经验的同时,国内高校也注意向国内顶尖高校学习,高校在编制发展规划时,通常会客观理性地分析发展基础,也会选取几所高校进行 SWOT 分析,客观评估自身的优劣势并向先进学习。可见,频繁的国内外交流为"双一流"高校学习国内外先进的办学理念、办学经验等提供了良好的外部机遇,使我国"双一流"高校能够在自力更生、自主创新的基础上,以发展的眼光和宽广的国际视野推动中国特色世界一流大学建设。

第二节　建设高校基础深厚抢占发展先机

一、"双一流"建设高校具备坚实的发展基础

经过几十年赶超发展，国内顶尖高校综合实力已接近世界一流大学，根据 2021 年 QS 世界大学排名，清华大学世界排名第 15 位，北京大学世界排名第 23 位。根据 2021 年泰晤士高等教育世界大学排名，清华大学世界排名第 20 位（与杜克大学并列），北京大学世界排名第 23 位。根据 US News 发布的 2021 世界大学排行榜，2021 年清华大学世界排名第 28 位，北京大学世界排名第 51 位（与麦吉尔大学和新南威尔士大学并列）。根据软科世界大学学术排名，2021 年，清华大学世界排名第 28 位，北京大学世界排名第 45 位。显然，上述最具代表性的国际大学排行榜显示，清华大学最好排名是第 15 名，最差排名是第 28 名，距离排名前十的世界一流大学只是一步之遥。北京大学最好排名是第 23 名，发展形势也非常喜人。虽然近年来反对大学排名的声音此起彼伏，大学排名也因为评价指标体系不科学、不健全而饱受诟病，但是不可否认，大学排名特别是权威大学排名，在很大程度上反映了一所大学的综合实力，因此从国内顶尖高校世界排名来看，清华大学、北京大学已经是名副其实的世界一流大学。清华大学、北京大学只是"双一流"高校的一个缩影，其实从排行榜来看，国内高校进步都很明显。加之近年来，由于利好政策叠加，"双一流"建设迎来了难得的历史机遇，"双一流"高校凭借国家政策推动，也得到了前所未有的发展，集聚了与世界一流大学一争高下的能力。因此，面向新一轮"双

一流"建设,以清华大学、北京大学为代表的"双一流"建设高校已经积累了丰富的建设经验,以此为基础,面向未来,新一轮"双一流"建设必将取得更好的成绩。在可以预见的未来,清华大学、北京大学将具备与哈佛大学、牛津大学一样的实力、一样的国际声誉。

二、"双一流"建设高校具备强烈的发展意愿

"双一流"建设是国家政策、国家战略,但是《总体方案》《指导意见》等明确赋予高校建设主体、责任主体地位,"双一流"建设的主要力量源泉仍来自大学内部,学校是"双一流"建设的主力军。《总体方案》等文件公布后,社会各界特别是高校自身热情高涨。2017 年,《清华大学事业发展"十三五"规划纲要》明确:"力争到 2020 年整体达到世界一流大学水平,主要可比性指标、国际影响力再上新台阶,为 2030 年迈入世界一流大学前列、2050 年成为世界顶尖大学奠定坚实基础。"[36] 此外,在高等教育经历了从大众化到普及化转变的过程中,社会各界对高等教育都倾注了很大的热情,都十分关心支持"双一流"建设。前文提到,最近几年,校友捐赠支持母校建设发展常见报端,捐赠金额不断突破新高,就是社会各界对高等教育关注的一个缩影。在校园内,广大师生关心支持"双一流"建设,将"双一流"建设与自身发展密切结合,通过自身努力,一点一滴推进学校"双一流"建设,将"双一流"建设与自身发展紧密相连已经成为师生的共识。

第三节　行政和市场双重逻辑造成发展异化

新形势下，我国推进新一轮"双一流"建设面临可喜的形势、难得的机遇，但是也要看到，"双一流"建设也面临一些制约因素，还存在一些体制机制上的障碍。

一、政府通过行政权力影响与制约大学办学自主权

政府对高等教育的掌控源于计划经济体制，具有特定的社会经济背景。20世纪80年代以来，改革开放逐步从经济领域向社会其他领域扩散，高等教育领域也开始试水改革。大学逐步打破苏联教育模式，开始进行学科院系调整、教育教学改革等。国家也逐步认识到大学与行政机关的区别，大学本质上是一个学术组织，应该赋予大学一定的办学自主权，因此政府在有意识、有计划地下放一定的办学自主权，具体表现为政府逐步放松对大学的直接控制，开始尝试用规划、法律、监督评估等手段，掌控大学的办学过程和办学质量。但是政府仍掌控高等教育发展，从"211工程""985工程"到"双一流"建设，从建设方案拟定、目标设定到具体任务、举措等，基本上都是由国家统一安排的。此外，政府还通过财政资金分配、高校领导任命等方式施加影响。因此，政府通过行政权力控制高等教育发展的格局并未发生根本改变，当前主要体现在以下两个方面。

（一）政府对高校管理的行政化

长期以来，政府对高校采取行政化管理方式，主要方式有：一是政府掌握大学领导班子的选拔任免权。换句话说，大学领导班子成员不是学校民主推荐选举产生的，而是由政府任免的，因此大学领导班子也首先向上负责、向政府负责。此外，大学领导班子都有行政级别，部分高校干部还是中管干部，政府按照组织制度配备和管理干部，在此种背景下，行政领导班子也当然会使用行政化方式管理学校。二是政府掌握着大学财政资金的拨付权。"2000 年以前，国家财政性教育经费占教育总经费比例一直保持在 70% 以上，进入 21 世纪，非财政性教育经费比重虽大幅提高，但多数年份财政性教育经费仍占总经费的 50% 以上。"[37] 可见，大学的办学经费主要来源于政府拨款，政府财政拨款对高等教育发展至关重要。但是政府财政拨款的拨付标准、使用等依据的是行政化思维，拨款标准仍是按照传统行政手段的资源配置模式。依据高校身份，"985 工程"高校、"211 工程"高校按照什么标准，普通省属本科院校按照什么标准，都有相关规定，基本不考虑不同高校发展的实际需求，更不可能考虑大学综合实力、学术声誉等，这种行政化管理和资源配置模式导致高校身份固化、竞争缺失及重复建设等问题。此外，在财政拨付资金的使用上，政府为向纳税人负责，加大对财政资金使用绩效的管理和问责力度，但是高校人才培养、科学研究等工作是长期工作、是树人工程，很难用绩效量化的方式来衡量、评判。由于政府行政化管理思维并未发生根本改变，政府对高校的管理也难以摆脱行政化模式。

（二）高校内部管理行政化倾向

大学党委书记、校长等领导班子成员由政府任命，既然权力来源于上级政府，当然要按照上级政府的指示办学治校。学校中层管理干部由学校党委任命，当然要贯彻执行学校党委的决策部署，因此政府通过官员任命的方式，将政府的意志和行政化管理模式渗透到大学的"神经末梢"。大学内部管理行政化主要体现在以下四个方面：一是学校对学院的行政化管理。学院是办学治校的主体，大学的人才培养、科学研究等职能的实现都要依靠学院这个办学实体，但事实上，学院与大学一样，并没有相应的办学自主权，更多的是贯彻落实学校的统一部署。二是职能部门对学院的行政化管理。学校的职权多半是通过职能部门来具体行使的，即使从行政级别来看，学院和职能部门都是同等的，但事实上，由于职能部门掌控学校的人财物等权力，职能部门与学院关系并不对等，职能部门往往采取行政化方式管理学院。三是行政权力对学术权力的僭越。从内部治理现代化的角度来看，行政权力和学术权力是平行的权力，二者都有各自的权限范围，本来应该相互配合，但事实上，行政权力长期干预学术权力，致使很多应该由学术决策的事项多半通过行政权力的方式决定。"内部管理集权化很大程度导致了大学内部行政权力对学术权力干预与控制传统的形成。"[38] 四是师生员工沦为被管控的对象。师生本是高校的主人，但实际上沦为被大学管理的对象，高校教师受政府和大学管理人员的双重控制，行政权力经常直接插手教师的教学、科研工作。调查显示，80% 左右的教师群体不同程度地认同"在高校中担任行政职务更有利于职称晋升"；在"谁的决定在学术聘任和晋升中起关键性作用"问题上，超过一半的人选择"行政权威"选项[39]，"教师群体的学术声望、成就、荣誉和地位的获得只有经过政治权力的确认才具有合法性，政治权力通过其掌握的学术控制权更是可以直接转化为学术成果、学术标准、学位、学衔等"[40]。

高校内部管理行政化有其深刻的社会根源：一方面，当今社会，高等教育业已成为国家科技创新、经济发展的核心竞争力，承载着亿万家庭上好学的期盼，因此教育事业不能简单地交由教授作决定，国家仍需从整体上掌握高等教育的发展。另一方面，历经数年多次改革，大学已享有较高的办学自主权，但大学内部治理体系和治理能力与新时代高等教育发展的需求和要求仍存有差距，政府完全下放权力可能会是一场灾难，政府仍然需要"扶上马、送一程"，特别是要通过重点扶持手段支持少数国内顶尖大学实现跨越式发展，在较短的时间内缩小与西方发达国家高校的差距。因此，可以预见，在相当长的一段时期内，政府主导、"自上而下"的高等教育发展和管理模式不会发生质变，即政府对大学的控制不会弱化，在某种程度上还可能会增强。

二、市场参与办学加剧了学科竞争、异化了学术本真

"二战"以来，西方国家历经数次经济危机，经济萎靡、政府财政收入锐减，政府为缓解财政压力，减少对大学的财政拨款，大学财政收入锐减，普遍感到"日子难熬"。为打破大学办学严重依赖财政拨款的局面，也为倒逼大学更多更好地服务社会，将大学推向市场，在市场中竞争以筹措办学资源成为新的选择。"研究型大学的教学、科研活动被迫走出传统的'象牙塔'，积极向社会争取各类急需办学资源，大学及其教师为确保外部资金而进行市场或具有市场特点的活动。"[41]面向市场筹集办学资源在一定程度上弱化了政府对大学的绝对控制，为大学发展带来了新的机遇和活力。如高校普遍重视科研工作，特别是能够服务国家战略需求和区域经济发展需求的科技研发，大学积极对接市场、对接企业，坚持问题导向，为企业解决技术难题，展开科研攻关，产出一大批具有实用价值的科技成果。大学高度重视科技成果产业化，不少大学在校内成立科技成果产业化机构。大学面向市场筹集办学资源推动了大学与企业的互动，推动了产学研合作深入开展，为大学人才培养、学科建设等筹措了充裕的办学资金，也极大地提升了教师的科研热情，为毕业生创造了更多更好的就业机会。但是面向市场筹集办学经费也滋生了一些问题，诸如大学教学和科研活动日益重视知识的交换价值等，具体表现在以下几个方面。

（一）引发学科发展的失衡

目前，大学内各学科的发展多是按照政府的计划安排，体现出一定程度的均衡性。虽然均衡性不是"双一流"建设的学习榜样，"双一流"建设要集中资源、重点建设，要走自主特色办学道路，使特色更彰显、优势

更凸显，但是学科发展要相互配合，特别是在知识经济时代，单一学科难以获得重大知识和科技的突破。市场需要的是具有应用前景、能够产生商业价值的学科专业以及科技成果或技术方案，这造成与市场联系紧密的工程技术等学科领域更容易获得办学资源和发展机会，而物理、化学、数学等基础学科则在市场竞争中日益被边缘化，人文社会科学因难以产生直接的经济效应更是面临被裁撤的风险。首轮"双一流"建设期间，媒体多次报道一些高校撤销教育学院等，可见市场逻辑造成大学内部的学科发展失衡，不同学科间的鸿沟逐渐加大，而学科的失衡不利于世界一流大学和一流学科建设。

（二）造成大学基本职能的异化

从大学基本职能来看，人才培养和科学研究是最基本的职能，虽历经时代变迁，大学基本职能始终没有发生根本改变。但市场参与大学办学造成人才培养和科学研究职能异化。人才培养逐渐演变成企业培养技能型人才，科学研究逐渐演变成产学研合作，虽然培养技能型人才、产学研合作没有问题，但是作为根本导向和最终结果就异化了大学的基本职能。此外，面向市场办学使得人才培养和科研处于紧绷状态。虽然高校始终将教育教学和人才培养放在学校工作的首位，但是在实际工作中，科学研究已取代教育教学和人才培养工作，成为大学压倒一切的重任。"即便在科研领域，科学研究转向经济效益高、实用性强、资助力度较大的应用研究，科研经费资助呈现以市场需求为导向的特征。"[42] 打基础、利长远的基础研究则因没有经济价值和市场应用前景而无人问津。教师在市场面前也主动或被动改变，某些教师热衷于搞产学研合作，逐渐忘记了自己的第一身份是人民教师，第一职责是培养一流人才；师生之间的关系也慢慢变味，学生称呼教师为老板而不是教授，师生之间教与学的关系逐渐异化为雇佣关系、利益关系。

新一轮"双一流"建设，政府鼓励大学面向市场筹措办学资源，既然面向市场就必须回应市场需求，市场功利化的倾向一定会通过某种形式渗透到大学内,瓦解纯净纯粹的"象牙塔"。此外,重视实用性的技术应用也会给大学科研和教师行为取向带来负面影响。因此,对于新一轮"双一流"建设,面向市场办学既是"双一流"建设高校难得的机遇,也是一项艰巨的挑战。

第四节　高校治理能力难以适应发展需求

一、大学缺乏自主办学的能力和水平

自主办学是大学的天性，根植于大学基因之中，脱离自主办学，大学的运行、发展与繁荣也将成为"镜花水月"。近年来，政府推动多轮以分权、放权为核心的高等教育管理体制改革，进一步落实和扩大办学自主权，推动高校面向社会自主办学。但是长期以来，我国大学已习惯于按照上级主管部门的指令办学，高校领导班子要忠实执行上级政策，这本身也是必然要求，因为我们的大学是中国特色社会主义大学，当然要贯彻落实党和国家的政策、教育方针，当然要坚持社会主义办学方向，当然要落实立德树人根本任务，等等。但是大学作为一个独立的办学实体，除忠实执行上级决定、命令外，还应准确研判形势，强化发展机遇，结合自身办学实际与特色，确定明确的发展目标与具体实施路径，自主开展人才培养、科学研究等各项工作。

战略规划是大学发展的行动指南，它"能把未来五年或更长时期学校发展的总体路径设计出来，引领学校的发展方向"[43]，可见，战略规划是大学摆脱对政府依赖的"路线图"与"导航仪"，在大学自主办学过程中发挥着引领性作用。虽然国内绝大多数高校都有了自己的发展战略规划，但是"基本上都是按照'上级让怎么办就怎么办，看别人怎么办就怎么办'的模式制定的"[44]。曾有报道称，个别"双一流"建设高校，"十三五"规划、"十四五"规划与其他高校在篇章结构上保持高度一致，一个可能的解释就是，高校相关部门在制定战略规划时，思想上不够重视，没能立足于自己的发展基础与需求认真调查研究、认真分析研判，制定一份科学的、高水平的规划，也因此，规划文本最终沦为"纸上画画、墙上挂挂"。还有学者批评，"双一流"高校建设方案在文件名称、文本结构、颁布时间、建设周期等方面均呈现出非常强的一致性和规范性，其内在逻辑是贯彻落实国家的决策部署，而非立足办学实际，发挥优势、彰显特色。可见，长期形成的路径依赖导致大学办学自主权缺位，与《总体方案》《指导意见》等文件中高校作为"双一流"建设主体的要求相差甚远，导致国家和高校角色错位，不利于"双一流"建设目标的实现。

二、大学内部管理体制滞后于事业发展需求

提升大学内部管理效能，主要依赖体制机制创新。近年来，多数高校都能顺应经济社会发展，适时推进大学内部管理体制改革创新，但是总体来讲，大学内部管理体制仍然滞后于"双一流"建设与发展。

（一）学院设置过多，学科壁垒森严

据统计，我国"双一流"建设高校内设二级学院数普遍超过 20 个，而牛津、剑桥大学多半是 10 个，学科设置过多，学科交叉融合出现了壁垒，而学科交叉融合是学科新的发展方向和新的学科生长点。此外，在庞大的学院内部还设置有门类齐全的行政化组织。例如学院内部设置有行政办公室、党委办公室、学生工作办公室、团委、科研工作办公室、学科建设办公室、教学工作办公室等，事实上，如此众多的组织设置并没有充分服务好学科专业发展。

（二）职能部门数量庞大

据统计，清华大学拥有 48 个二级职能部门（不含二级学院及直附属党委），北京大学也有 40 多个二级职能部门，在众多一流大学中，吉林大

学较少，但也有 23 个，职能部门越来越细化，造成部门之间权限、职责不清晰。

（三）职能部门和二级学院关系错位

从行政级别来看，学院和职能部门同属处级建制，此外，学院是学校事业发展的主体和动力，职能部门应主动服务学院事业发展，但实际上，却演变为学院要唯二级职能部门是从，严重制约了学院办学的自主性，消磨了学院办学的主动性和积极性。

（四）大学组织功能已然偏离组织目标

"大学行政组织必须为大学而存在，它不仅仅要调动大学内外部资源，为学术活动的有效进行提供必要的专业支持和保障，而且必须服务于大学组织目标。"[45] 但事实上，大学行政组织及其管理已逐渐背离组织目标，本应是服务师生的大学组织，却逐渐演变成管理约束师生的大学组织，本应处于被服务地位的大学师生员工却逐渐沦为被管控的对象。大学学术组织本身孱弱，面对一个越来越强势的行政组织体系，大学组织目标难以圆满、充分、切实地实现。

（五）大学仍然是行政化管理思维

行政化管理思维难以短期内得到根除，管理人员欠缺法治思维，不善于运用法治思维和法治方式办学治校，欠缺服务意识，将履职过程当作行使权力的过程，而不是服务师生的过程。行政化管理和行政化思维成为新一轮"双一流"建设必然应对又亟待解决的问题。

三、大学学术权力孱弱与异化

1917 年，蔡元培在就任北京大学校长的演说时指出："大学者，研究高深学问者也。"自担任北京大学校长伊始，蔡元培就着力在北京大学倡导学术自由和教授治校,并采取了一系列措施,收到了一定成效。当时的北京大学"新青年"和"老教授"在同一个校园内,实现着各自的理想抱负。但是囿于国民政府的统治,蔡元培主张的学术自由和学术自治更多的是一种理想抱负,很难产生实质性的成果。后来,战争导致社会经济崩溃、民不聊生,学术自由与学术自治的梦想也破碎了。

新中国成立之后,我国以苏联为师,在院校培养目标、专业设置、教学计划、课程设计等方面全面"苏化",苏联教学模式强调为国家经济社会发展培养技能型人才,这个时期,大学学术自由并没有得到应有的重视。改革开放后,国家全面放开搞活,高等教育领域也发生巨大变化。1978 年,教育部发布文件,明确规定高等学校应设立学术委员会。1998 年,《高等教育法》以法律形式明确规定,高等学校设立学术委员会。但是,《高等教育法》的刚性规定并未在学校得到推广落实,大学学术组织建设滞后、学术权力弱化的局面未能得到根本改观。真正引起高校重视的是 2014 年教育部出台的《高等学校学术委员会规程》(以下简称《学术委员会规程》)。为贯彻落实教育部文件精神,高校纷纷制定学校《学术委员会章程》,设立学校学术委员会,明确规定学校学术委员会组成、职责、议事决策规则等。此外,学校还相继成立学院学术分委员会,一些高校建立了学部学术委员会,一些高校建立了教学指导委员会、学位评定委员会等专门委员会,一些学校还赋予学术带头人一定的人财物配置权。在学术委员会组成人员、议事规则等方面,一些高校在学校章程中明确规定,学校校级领导不能作为校学术委员会主任、副主任等。此外,一些高校还明确规定,行政职能部门负责人占学术委员会委员的比例不得超过 1/4,普通教师占学术委员会委员的比例不得低于 1/2。一些高校还吸纳部分青年教师担任学术委员会委员。应该说,经过多年努力,大学学术组织逐步健全,学术权力地位逐步提升,但也应该看到,我国大学学术权力并没有如预期那样得到本质改变,相反,学术权力存在诸多问题。

（一）学术权力弱化

学术权力和行政权力是研究大学内部关系时始终绕不开的话题，按照顶层设计，学术权力（教授治学）和行政权力（校长负责）是内部治理体系两个主要的构成要素，二者之间是平行的、平等的，但是事实上，学术权力长期寄生于行政权力之下，"如果不加以限制地发展，将导致大学组织学术性的日益丧失，使大学沦落为政治的'奴婢'"[46]。学术权力弱化有多种表现：一方面，有迹象表明，行政管理制度建设的步伐远远大于学术权力制度建设的步伐。有学者曾经收集部分"双一流"建设高校的制度文件，学术性质的制度文件寥寥可数，几十年来的学术制度文件不及行政管理一个月的文件总数。另一方面，学术权力的行政化倾向。用政府管理行政机关和处理行政事务的方式与方法来对待学术事务，一些学者关心的不是如何研究高深学问、精进学术水平，而是希望能够在学校职能部门担任行政职务。在一些职称评审、项目评审、评奖评优中，也在相当程度上为非学术因素左右。有一个基本的共识是，担任一定的行政职务有利于在职称评审、项目评审中胜出。可见，在本应属于学术判断的领域，学术权力也没有发挥应有的作用。

（二）学术权力功利化

前些年，大学生流行喊导师为老板，从这一不正常的现象可以看出，纯净的校园、纯净的师生关系已经开始变味。最令人忧心的是，学术权力与行政权力一样，开始进行权力寻租，部分掌握学术权力的专家大牛，并没有将掌握的学术权力运用于学术发展，推进学术自治和学术自由，反而将其用于利益寻租，使本来就羸弱的学术权力偏离发展正轨走向功利化。可见，学术权力遭侵蚀与学术权力异化是摆在新一轮"双一流"建设面前的拦路虎。

四、大学民主管理权力行使受限

"双一流"建设是一个接续奋斗的过程，需要政府一以贯之的政策推动和因势利导的政策革新，需要大学确立一流目标、制定发展规划、明确任务举措，更需要广大教职员工发扬主人翁精神，同心同向、齐心协力，共同推进新一轮"双一流"建设。但是，当前师生员工尚未真正成为办学治校的主人翁，师生员工参与"双一流"建设的渠道方式仍十分有限，主动性、积极性发挥得仍不够，究其根源在于民主管理权力未受到应有的重视。

教育部对大学内部治理结构的规范表述是党委领导、校长负责、教授治学、民主管理，民主管理的地位和作用应是十分重要的。但是在制度实施的过程中，民主管理在大学办学治校中所起的作用还不及学术权力，这主要是因为民主管理权力的行使缺乏组织保障。2012 年，教育部出台《学校教职工代表大会规定》（以下简称《教代会规定》），明确规定教职工代表大会有权对事关教职工重大利益的事务进行决策。按照教育部文件要求，高校普遍建立了学校教职工代表大会制度，学院设立二级教职工代表大会制度。在教职工代表大会制度实施过程中，有学者曾批评指出，有些高校很多年都不召开一次教职工代表大会，严重背离了上级文件和学校文件要求。即便高校按照文件要求每年召开一次教职工代表大会，但从实际情况来看，高校通常在年底召开，大会议题一般是审议行政工作报告、财务工作报告、上一年度教代会提案办理情况、本年度教代会提案收集情况等。从会议审议的议题来看，内容比较丰富，但是从会议召开的时间来看，少则 1 天、多则 2 天，短短时间内，大部分时间都在听报告，并没有留出认真研讨、审议议题的时间，导致教职工代表大会成为走过场的把戏。

教职工代表大会闭会期间，工会作为教职工代表大会的工作机构，处理日常事务。但从国内高校组织机构设置来看，工会要么被划入党群部门，要么被划入行政机构。从机构设置来看，工会是处级建制，工会主席是处级行政级别，大多由快退休的老同志担任。从部分"双一流"高校工会日常工作调查来看，多半是为教职工过节发放福利，在民主管理权力行使方面并没有实质性作为。二级学院普遍成立学院教职工代表大会，而且明确规定，涉及师生切实利益的诸如绩效工资要召开教职工代表大会，但学院教职工代表大会犹如学校教职工代表大会，不少沦为民主的形式安排。

民主管理权力发挥不彰，主要根源在于：《教代会规定》虽然赋予教代会八项职权，但是缺乏切实的措施保障职权得到落实。有调查表明，高校教职工代表大会的建议权大部分流于形式；审议通过权落实不力，实践中审议权限很多时候只是走过场。近年来，一些高校不断尝试拓展和畅通民主管理渠道，例如有的高校建立了学代会，有的高校尝试师生列席校长办公会，应该说，这都是有益的尝试，但事实上，仍然是形式大于实质，象征意义明显，作用发挥尚不明显。综上，民主管理作用发挥不够，不利于高校调动广大师生员工的主动性、积极性，共同致力于"双一流"建设。

第 五 章

大学内部治理体制变革研究

没有一流治理，难有一流大学。《总体方案》自颁布以来，无论是中央政府、地方政府，抑或是社会各界，对"双一流"建设都给予了极大的支持。国家通过制定"双一流"建设系列政策，以及投入巨额的经费支持，为建设高校营造了良好的制度环境、奠定了坚实的物质基础，应该说，国内顶尖大学在发展硬件上已经与世界一流大学相差无几。但是在内部治理效能方面，我们与世界一流大学差距仍非常明显。因此，研究我国大学内部治理体制历史变迁、建设成效、发展缺陷等，对深入推进新一轮"双一流"建设意义重大。

第一节　大学内部治理体制历史变迁

一、党委领导、校长负责的领导体制变革历程

（一）改革开放前我国大学内部领导体制变革

改革开放前，我国大学内部领导体制变动频繁，主要变更五次：（1）1949年10月—1950年4月，这一时期，高校沿循了校务委员会等旧有体制。（2）1950年4月—1956年9月，借鉴苏联高等院校的"一长制"，明确了高校校长负责制。《高等学校暂行规程》规定，高校党组织重点发挥政治核心作用，不领导高校行政工作[47]。（3）1956年9月—1961年9月，这一阶段，党在高校的领导地位逐步得到强化，中共中央、国务院印发《关于教育工作的指示》，文件正式确立了党委领导下的校务委员会负责制[48]。（4）1961年9月—1966年5月，教育部颁布《教育部直属高等学校暂行工作条例（草案）》，明确规定高等学校的领导制度，是党委领导下的以校长为首的校务委员会负责制[49]。（5）1966年5月—1976年10月，实行党的一元化领导下的革委会体制。1971年，全国教育工作会议明确提出，学校实行党的一元化领导，革委会是党委领导下的权力机构[50]。可见，改革开放前，我国高校内部领导体制变化频繁，但党对高校的领导作为一项基本原则逐步得到确立。

（二）改革开放后我国大学内部领导体制变革

改革开放以来，我国大学内部领导体制历经多次变革，主要分为以下三个阶段。

1.党委领导、校长负责领导体制创立阶段

这一阶段，围绕大学内部治理的领导体制，国家颁布了一系列重要政策，政策有延续，也有反复。1978 年，新修订的《全国重点高等学校暂行工作条例（试行草案）》规定，高等学校的领导体制是党委领导下的校长分工负责制。同年，"北京师范大学等一批院校开始进行校长负责制的试点"[51]。1985 年，《中共中央关于教育体制改革的决定》提出，逐步实行校长负责制，有条件的学校要设立由校长主持的、人数不多的、有威信的校务委员会作为审议机构。1993 年，中共中央、国务院印发的《中国教育改革与发展纲要》提出，实行党委领导下的校长负责制的高等学校，党委对重大问题进行讨论并作出决定，同时保障行政领导人充分行使自己的职权。1998 年，《高等教育法》首次以法律的形式确立党委领导下的校长负责制，并对党委的权限、职责等作出规定，同时对校长的任职条件和职权等作出规定。这段时期，我国大学内部治理处于初创阶段，大学内部治理领导体制尚未真正建立。

2.党委领导、校长负责领导体制建立阶段

1999 年 6 月 13 日，中共中央、国务院作出《关于深化教育改革全面推进素质教育的决定》，提出深化学校内部管理体制改革。2004 年，教育部颁布《2003—2007 年教育振兴行动计划》，提出高等学校要坚持和完善党委领导下的校长负责制。2011 年，教育部审议通过《高等学校章程制定暂行办法》（以下简称《章程制定暂行办法》），要求高等学校在规定时间内制定章程并报教育主管部门核准，实现一校一章程，依章办学、循章办事。2012 年，教育部印发《全面推进依法治校实施纲要》，指出健全科学决策、民主管理机制，完善学校治理结构。这一阶段，大学内部治理改革的方向已经相当明确，明确了党委领导下的校长负责制，并通过国家法律和大学

章程的形式将其固定下来，一直延续至今。我国大学改革发展实践证明，党委领导下的校长负责制不仅是我国大学内部治理的根基，也是引领我国大学不断前行的根本保障。

3.党委领导、校长负责领导体制确立阶段

2013 年，党的十八届三中全会通过了《中共中央关于全面深化改革若干重大问题的决定》，明确提出要深入推进管办评分离，扩大省级政府教育统筹权和学校办学自主权，完善学校内部治理结构。2014 年，国家教育体制改革领导小组办公室印发《关于进一步落实和扩大高校办学自主权完善高等学校内部治理结构的意见》，明确规定坚持和完善党委领导下的校长负责制，加快推进高等教育治理体系和治理能力现代化。2017 年，国务院印发《国家教育事业发展"十三五"规划》，明确提出完善公办高等学校党委领导下的校长负责制。可见在这一时期，党委领导下的校长负责制得到确立，成为大学内部治理的根本制度遵循。改革开放以来，国家密集发布文件对大学内部治理作出规定，一方面，彰显大学内部治理改革的重要性；另一方面，也表明大学内部治理改革依然是教育领域综合改革的"深水区"和"硬骨头"。

二、教授治学、民主管理的内部治理体制基本确立

与党委领导、校长负责内部领导体制确立不同，教授治学、民主管理内部治理体制的确立历程相对简单，最为直接的依据是，2011 年，教育部颁布了《教代会规定》，确立了师生办学治校主体地位，要求高等学校对内充分发扬民主，充分尊重师生办学治校主体地位，扩大和拓宽师生参与办学治校的范围和渠道，等等。2014 年，教育部颁布《学术委员会规程》，要求高等学校建立学术委员会，明确学术委员会职权、组成人员、议事规则，等等，要求高等学校要充分发挥学术委员会在大学学术治理中的重要作用。后历经发展并经教育部确定，最终形成党委领导、校长负责、教授治学、民主管理的大学内部治理结构。

第二节　大学内部治理体制建设成效

一、确立了党委对学校工作的全面领导体制

新中国成立以来，我国曾长期效仿苏联"一长制"，即高校校长负责制。在教育教学过程中，党委主要发挥政治核心作用。改革开放后，在党委领导、校长负责的关系上出现了反复。1978 年，国家规定高等学校的领导管理体制，是党委领导下的校长分工负责制 [52]；1985 年，国家政策又强调进行校长负责制的探索，校长负责制是基于高等教育教学的专业性，要依赖专业精英治校，同时可以将学校党委从管理高校具体事务中解放出来，但这一改革在一定程度上弱化了党委对学校工作的领导地位和作用。最为著名的是 20 世纪 80 年代武汉大学刘道玉的改革，在刘道玉校长的带领下，武汉大学实施学分制、主辅修制、双学位制、导师制等改革。在校园文化氛围的营造上，师生思想活跃，言论自由；教员上课、学生开会，讲什么、怎么讲，没有人干涉，自由、民主、开放。武汉大学内部治理改革取得了较好的成绩，使武汉大学一时间成为积聚青年才俊的高地，一些在北京大学、清华大学工作的教师都申请调到武汉大学工作，武汉大学综合实力得到增强，大学排名得到攀升。但是，改革过程中由于对学校党委地位和作用认识不清，一定程度上弱化了学校党委对改革和发展的全面领导，也滋生了诸多问题。

国家有意识地对大学内部治理进行纠偏。1989 年，国家教委印发《关于当前高等学校工作中的几个问题的意见》，指出在今后一个相当长的时期

内，高等学校仍实行党委领导下的校长负责制。1998 年，《高等教育法》明确了高校党委的核心领导地位。党的十八大以来，以习近平同志为核心的党中央高度重视高校党的建设工作。2018 年，习近平总书记出席全国教育大会并发表重要讲话，强调："加强党对教育工作的全面领导，是办好教育的根本保证。"① 可见，改革开放 40 多年来，大学内部治理改革如同经济体制改革一样，都是在摸着石头过河，改革虽出现反复，但最终确立了党委领导下的校长负责制，确立了党委对学校工作的全面领导体制，高校党委对学校工作的领导得到全面加强，党委在内部治理中的核心地位得到全面强化，这为新时期深入推进"双一流"建设提供了根本保障。

二、进一步健全和完善了大学内部治理体系

如上所述，公办高校已确立党委对学校工作的全面领导体制，同时校长负责、教授治学、民主管理等内部治理结构重要组成部分也不断得到健全完善。

（一）党委领导和校长负责二者关系得到进一步规范和完善

2014 年，中共中央办公厅印发《关于坚持和完善普通高等学校党委领导下的校长负责制的实施意见》（以下简称《党委领导下的校长负责制的实施意见》），明确指出党委总揽学校改革发展稳定的全局，把好方向，抓好大事，管好干部。校长在党委集体领导下依法行使职权，积极主动地做好教学、科研和行政管理工作。同期，教育部加快推进高等学校现代大学制度建设，下发文件要求高等学校要做到"一校一章程"，高等学校依据国家法律、政策，在大学章程中对党委和校长的职权作出明确规定。笔者通过对部分"双一流"建设高校大学章程的梳理，发现建设高校无一例外都确立了党委对学校工作的全面领导体制，进一步明确党要管党、从严治党，

---

① 习近平. 坚持中国特色社会主义教育发展道路 培养德智体美劳全面发展的社会主义建设者和接班人 [EB/OL]. [2021-02-14]. www.gov.cn/xinwen/2018-09/10/content_5320835.htm.

党委管干部、管人才、管意识形态等工作，校长在学校党委的领导下，组织拟定和实施学校事业发展规划、人才发展规划、基本管理制度、重大教学科研改革、重大基本建设，代表学校与政府、企业签订战略合作协议等。2019 年，高等学校按照中共中央组织部、教育部等下发文件的要求，纷纷修订《党委全委会议事规则》《党委常委会议事规则》《校长办公会议事规则》，进一步厘清党委和校长的权限、职责，健全完善党委全委会、党委常委会、校长办公会议事规则和决策程序，党委领导和校长负责二者关系得到进一步规范和完善。

（二）教授治学成为内部治理结构重要组成部分，制度愈加规范，作用愈加重要

1998 年，《高等教育法》规定："高等学校设立学术委员会，审议学科、专业的设置，教学、科学研究计划方案，评定教学、科学研究成果等有关学术事项。"[53] 2010 年，《教育规划纲要》指出，探索教授治学的有效途径，充分发挥教授在教学、学术研究和学校管理中的作用[54]。2014 年，教育部颁布《学术委员会规程》，此后公办高等学校深入贯彻落实教育部文件精神，纷纷制定学术委员会章程，在学校设立校学术委员会，在学院设立学院学术分委员会，同时规定了校学术委员会、学院学术分委员会的职权和职责。一些高校为增强学术委员会处理学术事务的独立性，防止行政权力对学术权力的侵蚀，还规定学校领导班子成员不得兼任学术委员会主任、副主任等；担任学校及职能部门党政领导职务的委员，不超过委员总人数的 1/4，不担任党政领导职务和院系主要负责人的专任教授，不少于委员总人数的 1/2，等等。通过保障专任教授在学术委员会中的人员比例，突出了教授治学在高校内部治理中的学术权力和地位。2015 年，新修订的《高等教育法》调整和增加了学术委员会在调查、处理学术纠纷和调查、认定学术不端行为等方面的职权，以及审议、决定有关学术发展、学术评价等事项的职权，进一步强化了学术委员会在学术治理中的重要作用。应该说，学术委员会的职权逐渐从虚到实，一些高校在院系调整方面主动征求学术委员会意见，一些高校在人才引进、职称评审等方面将学术能力评价交由学术委员会审定。此外，还有诸如学术不端的认定与处理等。学术委员会慢慢变得忙碌起来，不再是此前的清闲机构。特别是近年来，高等学校在学术权力改革方面步伐加快，学术权力的地位和作用得到进一步提升。

（三）民主管理在高校内部治理结构中的作用逐步增强

2011年，教育部颁布《教代会规定》，明确了教职工代表大会的职权、代表产生办法、组织规则、工作机构等，标志着以教代会为基本形式的教师参与高校内部治理走向制度化。规定颁布之后，公办高校纷纷出台本校教职工代表大会制度以及实施条例，明确规定了凡是涉及学校重大改革发展以及教职工重大利益的问题，都应该经过教职工代表大会审议。多数高校将教代会作为学校民主管理的主要手段来抓，每年召开一次教职工代表大会，审议校长工作报告、财务工作报告，以及广大师生关心的切实问题。学院普遍建立二级教代会制度，明确规定，涉及教职工职称评聘、绩效分配等重大利益的问题，要通过二级教代会审议。在制度规范之外，高校领导班子也十分注重民主管理，新任校领导上任伊始纷纷到学院（系、所）调查实际情况、了解师生实际需求等，高校领导班子也十分主动地通过校长信箱等方式了解师生诉求。新闻媒体还多次报道高校积极回应师生需求的新闻。2017年，教育部修订出台《普通高等学校学生管理规定》，明确学生"以适当方式参与学校管理，对学校与学生权益相关事务享有知情权、参与权、表达权和监督权"[55]。一些高校在推动学生参与学校事务管理方面取得了一些成绩，譬如允许学生旁听校长办公会，在学校事业发展规划、章程修订等重大问题上，广泛听取学生的意见，对于学生提出的意见建议，无论是否采纳均给予明确的回复。应该说，经过多年努力，师生参与学校民主管理的权利更实、渠道更宽，民主管理在学校内部治理中的作用越来越重要。

三、法治逐渐成为教育教学、办学治校的基本方式

高校法治工作与改革开放同步同行。早在 1980 年，全国人大常委会就审议通过了《中华人民共和国学位条例》（以下简称《学位条例》），《学位条例》也因此成为高等教育领域的第一部法律。随后，国务院出台《中华人民共和国学位条例暂行实施办法》（以下简称《暂行实施办法》）。《学位条例》《暂行实施办法》拉开了高等教育领域法治建设的帷幕。1993 年，全国人大常委会制定颁布了《中华人民共和国教师法》；1995 年，全国人大常委会制定颁布了《教育法》；1998 年，全国人大常委会制定了《高等教育法》，等等。国务院先后制定颁布了《普通高等学校设置暂行条例》《教师资格条例》《学校体育工作条例》等行政法规。

教育部始终高度重视加强高等学校规章制度建设。2005 年，教育部颁布《普通高等学校学生管理规定》，该规定在 2016 年予以修订，2017 年 9 月 1 日起施行。该规定倡导"以人为本"的教育理念，坚持教育与惩戒相结合，明确规定了高校学生的权利和义务，建立了学生申诉制度，通过法治方式保护学生的受教育权等合法权益。自 2011 年起，教育部先后颁布《章程制定暂行办法》《学术委员会规程》《教代会规定》等制度文件，推进大学建立以章程为核心的现代大学制度，完善大学内部治理结构。近年来，教育部还出台《关于进一步加强高等学校法治工作的意见》《高等学校法治工作测评指标》等文件，明确高等学校主要负责人推进法治工作第一责任人职责，明确要求高等学校将法治思维和法治方式作为办学治校的基本方式。高等学校在贯彻落实全国人大、国务院、教育部颁布的法律、行政法规、规章制度的基础上，结合自身实际，加强内部管理制度建设，很多高校都宣称建立了横向到边、纵向到底全覆盖的制度体系。

高校师生员工的法治意识明显增强，利用法治手段维护自身权利的事件不断增多，例如田永诉北京科技大学不授予学位案，该案叩开了司法审查高校管理行为的大门。此后，学生状告母校的案件越来越多，有大家熟知的刘燕文案、甘露案、于艳茹案，等等。《普通高等学校学生管理规定》

自修订以来，学生申诉事件不断增多，一些高校为严肃考风考纪，对考试作弊的学生不仅给予警告、严重警告等违纪处分，而且不予授予学位，因此，学生违纪被处理后，往往都寄一线希望，向学生申诉处理委员会申诉。教师通过法治方式处理其与学校之间矛盾的案例也不断增多，例如教师离职未达到学校规定的服务期限的，被迫交纳违约金，人事档案调走后转头诉讼学校，此外，教师还因加班补贴、公房分配等与学校对簿公堂。虽然师生与学校对簿公堂并非光鲜之事值得大肆宣传，但也并非什么坏事，客观来讲，这是一种社会进步的表现，表明师生员工选择在法治的轨道内解决纠纷。总体来讲，经过几十年的努力，大学制度体系已经比较完善，师生员工的法治意识也明显增强，校园法治氛围日益浓厚，法治思维和法治方式日益成为师生日常行为的基本遵循。

第三节　大学内部治理体制发展缺陷

一、大学内部治理体系运行状况不佳

（一）党委和行政关系"剪不断、理还乱"

1. 党委和校长权责界限不清

党委和校长是公办高校办学治校过程中两个至关重要的主体，厘清两者之间的权责界限，消除两者之间权责的交叉重叠，对推动大学改革发展、推进大学内部治理体系和治理能力现代化至关重要。关于党委和校长的职权职责，从法律或者教育部等部委的规章制度来看，党委书记和校长承担着不同的职权，其职权职责划分是清晰的，但实际情况是二者的职权职责仍存在不同程度的交叉重叠。以《关于坚持和完善普通高等学校党委领导下的校长负责制的实施意见》为例，该实施意见规定：党委职责主要包括"讨论决定事关学校改革发展稳定及教学、科研、行政管理中的重大事项和基本管理制度"，同时规定，校长职责主要包括"组织拟定和实施学校发展规划、基本管理制度""组织开展教堂活动和科学研究"，等等。从上述规定来看，党委和校长的职权职责存在明显交叉，二者同时享有制定学校基本管理制度的职权或职责，二者同时享有教学、科研、行政管理等职权或职责，因此，党委和校长在行使权力时难免会发生交叉重叠。《关于坚持和完善普通高等学校党委领导下的校长负责制的实施意见》提出，学校领导班子应经常沟通情况、协调工作，对职责分工交叉的工作，要注意协调配合。实践中，党委书记和校长经常性的沟通配合工作案例并不多见。当然，党委书记和校长关系紧张的也不多见。

2. 党委和行政议事决策制度不健全

党委常委会和校长办公会是大学两个重要的决策机构。2019 年，中共中央组织部、教育部等部门制定党委常委会、校长办公会议事规则示范文本，示范文本对党委常委会和校长办公会的议事决策事项范围作了明确规定。各高校在贯彻落实上级文件精神的同时，结合学校实际，制定了党委常委会、校长办公会议事规则，一些高校为避免二者议事决策事项存在交叉重叠，还使用量化标准划定二者权限范围，例如 200 万元以上资金使用要提交党委常委会讨论等，但量化标准适用范围有限，具体实践中，还是要使用重大、重要等弹性概念进行区分，但是何谓重大、重要，如何适用又出现了问题。从这个具体事例可以看出，在办学治校实践过程中，二者权限、职责仍不够清晰，为了避免承担责任，校长办公会将属于自己研究决定的事项提交党委会讨论决定，党委常委会也可能将属于自己研究决定的事项下放至校长办公会讨论决定。此外，党委常委会、校长办公会议事决策程序不健全，上级文件仅笼统规定党委常委会和校长办公会要坚持科学决策、民主决策、依法决策，防止个人或少数人专断和议而不决、决而不行等。但是由于缺乏正当程序等议事决策程序，使得党委书记的意见在党委常委会、校长的意见在校长办公会中十分重要，甚至是党委书记在校长办公会上的意见也是一锤定音的，这就违反了校长在校长办公会上"拍板"决定的相关规定，实践中容易导致党委书记和校长关系紧张，不利于学校事业发展。

（二）学术委员会在学术治理中的作用尚未充分发挥

大学最初是一个学术组织，后来随着社会发展和大学职能的拓展，大学才逐步演化为一个社会组织，时至今日，大学是一个学术组织和社会组织的统一体。作为一个学术组织，大学学术权力合法性源于高深知识发展的自身逻辑，大学学术权力的宗旨是维护学术自由和学术规范，而这是大学之所以成为大学，以及大学能够在复杂的社会环境中精进学术的保障，对提升大学教育教学质量和科学研究水平同样具有重要意义。一直以来，教育行政主管部门都高度重视大学学术权力保障，出台了系列文件推动大学学术委员会建设等，但学术委员会建设在我国大学治理中仍存在一些不容忽视的问题，具体包括以下几个方面。

1. 校学术委员会权限、职责以及法律定位模糊

《学术委员会规程》第二条规定，学术委员会统筹行使学术事务的决策、审议、评定和咨询等职权。第十五～十七条，又对学术委员会职权作进一步细化，例如第十五条规定，学术机构设置方案，教学科研成果、人才培养质量的评价标准及考核办法等，在决策前要提交学术委员会审议，或者交由学术委员会审议并直接作出决定。但是，作为保障和促进行使学校学术权力的指导性文件，《学术委员会规程》对学术委员会的职权等规定较为笼统。实践中，学术事务的内涵和外延是什么？决策、审议、评定和咨询等职权行使的边界是什么？《学术委员会规程》第十五～十七条看似在进一步规范学术委员会职权行使，实质上会造成一定混乱，因为条款没有明确哪些事项需提交审议，哪些事项需由学术委员会审议并直接作出决定。中国人民大学在学术委员会章程中将学术权力局限于审议和评议；《安徽大学学术委员会章程》第二条规定，学术委员会统筹行使学术事务的决策、审议、评定和咨询等职权，但第十七～十九条又将学术委员会职权限定为审议、评定和咨询。虽然《学术委员会规程》将学术委员会作为校内最高学术机构，但是在涉及学术委员会"决策"职权行使时都无一例外地采取回避态度，这既导致学术委员会在职权行使过程中权责交叉、模糊不清，又导致学术决策权力空置而造成学术委员会话语权旁落。

2. 校学术委员会与其他学术组织之间的体系结构尚未厘清

《学术委员会规程》仅对重大事项作出框架性的规定，而对校院两级学术委员会的关系界定、学术委员会与学位评定委员会是何关系、学术委员会下设各专门委员会的定位和职权等并未作出明确规定，实践中容易引发适用困惑。

（1）校院两级学术委员会的关系尚未厘清

规程并未明确二者关系，高校大学章程也未明确，但为推进学术权力发展，近年来，高校普遍设立学院学术分委员会。通常来讲，两者关系定位有以下两种：一是管理与被管理，二是指导与被指导。管理与被管理与学术权力的性质不符，因此不应该成为二者关系的定位。实践中，采用此种定位的高校也不多。多数高校将二者关系界定为指导与被指导的关系。但是，何谓指导与被指导？举个例子，有举报称，某学院教师论文抄袭、学术不端。那么该事件是由学院学术分委员会作出是否存在学术不端的认定，还是由学校学术委员会作出是否存在学术不端的认定？假设由学院负责认定，那么学校学术委员会如何看待学院认定的结果？是学院学术分委员会可以直接作出认定，认定结果报学校学术委员会备案，学校学术委员会仅作形式审查，还是由学院学术分委员会作初步认定，学校学术委员会可以对学院学术分委员会的认定结果给予肯定或否定的两种处理方式？如果最终认定结果的权力在学校学术委员会，那么校院学术委员会之间势必存在管理与被管理的关系，进一步讲是上下级的关系，否则，作为一个学术组织，学校学术委员会有何依据径行改变学院学术分委员会的认定结果？正是因为二者关系定位不清，造成学术权力行使不规范。

（2）学术委员会与其他承担学术事务职责的组织之间的关系尚未厘清

在《学术委员会规程》颁布之前，很多高校已经成立了学位评定委员会、教学指导委员会等学术事务组织。文件颁布后，学术委员会被界定为校内最高学术机构，那么意味着学位评定委员会、教学指导委员会等均应该是学术委员会下设的专门委员会，否则，其存在的合法性、合理性要大打折扣。但是事实上，多数大学成立学校学术委员会，并下设办公室，办公室一般是正处级单位。同时，成立学校学位评定委员会以及学院学位评定分委员会，学校学位评定委员会下设办公室，办公室一般也是正处级单位，而且二者分属不同的单位，有的高校将学位评定委员会办公室设在研究生院，有的设在发展规划和学科建设办公室等，从机构设置上看，学术委员会和学位评定委员会是相互独立的两个单位，互不隶属。举个例子，学生因学术问题而未被授予学位或撤销学位，这个学术问题的认定最终决定权在哪里？通常情况下在学位评定委员会，学术委员会无权过问。因此，教育行政主管部门和高校在今后的学术权力建设和发展过程中，要进一步厘清学术委员会与学位评定委员会等承担学术事务的组织之间的关系，推动学术事务健康稳定发展。

二、现代大学制度实施状况不佳

大学章程是校内小宪法，是大学内部治理不可或缺的制度遵循。按照教育部统一部署，各高校紧锣密鼓地开展章程建设工作。2013 年 11 月，中国人民大学、东南大学、东华大学、上海外国语大学、武汉理工大学和华中师范大学 6 所高校章程经教育部核准发布实施，我国掀起了新一轮大学章程制定的高潮。截至 2015 年 6 月 30 日，全国 112 所"211 工程"高校的章程全部通过核准并发布。"大学章程的发布算是摸到了现代大学治理的门槛。"[56] 2020 年，教育部印发《关于进一步加强高等学校法治工作的意见》。2021 年，教育部印发《高等学校法治工作测评指标》，在教育部的直接推动下，高校大力加强现代大学制度建设，初步构建了以章程为核心的健全、统一、规范的制度体系。但是也要辩证地、客观地看待，当前，高校从制度拟定、制度执行到制度监督各环节均存在一定的问题，本部分以大学章程为例，分析高校现代大学制度建设过程中存在的短板与不足。

（一）大学章程法律地位不明确

新中国成立以来，我国大学在相当长一段时间内处于无章程办学状态。1995 年，《教育法》颁布实施，该法第二十六条规定，设立学校及其他教育机构要有组织机构和章程。1998 年，《高等教育法》颁布实施，该法第二十七条规定，申请设立高等学校的，应当向审批机关提交章程。然而，在《教育法》《高等教育法》颁布实施十多年后，我国绝大多数大学仍然没有制定章程。反而是教育部《章程制定暂行办法》推动了大学章程的制定，形成了"一校一章程"的局面。2013年，时任政法司司长孙霄兵指出："6所高校章程被核准后，对学校和学校主管部门以及其他有关方面都具有相应的法律效力，违反章程就是有法不依。"[57] 但是从法律效力来源的角度来看，大学并没有立法权限，大学章程也显然不具有法律效力。从大学章程性质来看，章程更应该被定性为大学与政府、大学与社会、大学与师生之间的契约，对相关利益参与者起到规范作用。也正是因为缺乏法律效力，大学章程在办学治校过程中作用发挥得并不明显，更多情况下仅是一种依法治校、依法治教的宣誓和象征。

（二）大学章程实施程序欠缺

我国大学章程在制定和实施过程中的一个重大缺陷是对程序性规定重视不够。首先，利益主体的参与不够。依据教育部文件精神，大学章程的制定主体是高校、政府、社会、广大师生员工等，事实上，上述主体并未实际参与到章程的制定过程中，即便在高校，通常也是成立一个章程领导小组、工作小组，工作小组多则3～5人，少则1人，受高校领导重视程度、具体修订人员工作繁杂程度等因素的影响，诸如学校的办学宗旨、办学理念、治理架构、治理机制、组织机构等重大问题缺乏深入讨论、仔细斟酌，更多的是向上交差，因此可以想象，由于缺乏一个共同协商、多方权衡的过程，章程在核准后也难以获得共识进而落实不下去。其次，现有章程中程序性规定或者不细致或者是缺失的，如有关学术委员会的规定，虽对学术委员会委员的构成范围、名额分配、运行规则等进行了规定，但并无具体的程序性规定，章程实施过程中缺乏相关配套制度，造成学术委员会职能的行使和作用发挥受限。

（三）大学章程适用性不强

章程被誉为校内宪法，上承国家法律法规以及教育部等部委规章，下启校内制度体系，在学校制度体系中处于核心地位。正是因为章程的地位和作用十分重要，所以高校在制定章程的过程中，多使用宏观话语、弹性概念等进行阐释，以致从总则、办学宗旨、办学定位、办学使命到大学治理结构，从党委权责、校长权责、学术委员会权责、学位评定委员会权责、教职工代表大会权责到教师权利义务、学生权利义务、师生权益救济，等等，都是非常模糊的规定。特别是章程还大量使用了诸如"按照相关规定""其他情形""特殊情况"等弹性条款或"口袋条款"，导致我国大学章程可操作性不强。有学者通过研究美国大学章程发现，"美国大学章程篇幅普遍比我国长，详尽程度也更高"[58]。章程在大学治理过程中发挥着重大的作用，已成为大学办学治校的基本依据。反之，正是因为我国大学章程弹性条款或"口袋条款"多，在章程具体实施过程中才显现出可操作性不强等问题。

三、大学内部管理机制运行状况不佳

在深入推进大学治理体系和治理能力现代化的目标愿景引导下，政府进一步深化高等教育领域简政放权、放管结合、优化服务，大学为推进内部治理现代化，也在着力深化内部管理机制改革。总体来看，改革取得了一定成效，但仍存有一些短板与不足。

（一）职能部门权力膨胀

我国高校历经粗放式发展、院校合并等阶段，大学规模一般都比较大。以郑州大学为例，郑大本科生招生规模超过 10000 人 / 年，研究生招生规模同样超过 10000 人 / 年，被学界戏称为"211 工程"高校招生的天花板。为管理好规模庞大的大学组织，在校级层面，学校党政主要领导一般都在10 人以上，有的高校还超过了国家规定上线（7～11 人）。同样，职能部门规模越来越大，根据部分建设高校校园网统计，清华大学职能部门（含直、附属单位）近 80 个，北京大学职能部门（含直、附属单位）近 70 个，多数高校职能部门也多在 60 个左右。职能部门为强化自身存在的合法性、合理性，竞相拓展自身的管理权限，特别是资源控制权，造成职能部门权力不断膨胀。

职能部门权力膨胀的直接后果是二级学院权力的限缩。政府在推进教育"放管服"改革过程中，将权力下放至学校，在学校层面，政府下放的办学自主权并未能自发地下放到二级学院，多数自主办学权力被二级职能部门截留。学校通过职能部门管理二级学院，通过各种形式的目标考核给学院下达细致、具体的量化指标，并将考核结果与资源配置挂钩。二级学院原本是学校办学治校的主体，与职能部门一样同属于二级单位，但却要接受不同职能部门的不同考核。例如科研院考核二级单位是否完成科研指标，包括国家级项目、科研经费、科研平台建设等；学科建设办公室考核二级学院学科建设状况；人事处考核二级学院师资队伍建设等；教务处考核二级学院人才培养质量等。考核是过程管理的必要环节，但是，一方面，职能部门在制定考核标准时，并没有充分的理论储备，并不了解各学院人才培养、学科建设等实际需求，也没有深入学院充分调查研究，多数是找一些别的学校的考核文件，借鉴参照制定本校的考核办法，这样考核标准的科学性、合理性大打折扣，学院对此意见很大，甚至有些抵触，多通过各种方式变相不执行职能部门的考核。另一方面，细致、繁杂的任务和考核耗费了院系太多的时间与精力，使得二级学院很难有充裕的时间思考、设计学院中长期事业发展问题，造成学院发展机遇一次次丧失。

（二）放权不到位，放下去接不住

"资源配置中的权力关系是校院两级管理体制改革的核心，深刻影响着高校办学活力和基层学术组织的积极性。"[59] 近年来，随着教育"放管服"改革的深入推进，高校为进一步优化内部管理体制机制，开始向学院放权让利，但在权力下放和承接过程中也滋生了"事权下沉，财权、人权等仍集中在学校层面，权力下放不到位"[60]，院系承接乏力等问题。

1. 学校权力下放不到位

围绕学校管理权力下放问题，很多高校进行了改革探索，但整体来看，学校人财物等权力仍然集中在校级层面。例如从招生入门到毕业就业,从人才培养方案到教材遴选,从专业设置到"双一流"建设,从教师聘用到职称评定等,所有这些权力都由学校统揽。当然,近年来,学校下放了一些权力给学院,譬如绩效分配权、教辅人员聘任权等,但下放的权力是有限的,且是无关痛痒的。学院虽然获权直接聘用教辅人才,但是没有被授权直接聘任专业师资人员,院系是专业领域的行家里手,对本学科、本专业内人才的能力、发展的潜力等最为了解,也最有资格评判,但是人才引进的权力仍然在学校人事部门、学校人才工作领导小组。无论是人事部门也好,还是人才工作领导小组也好,虽然是专业出身,但是只精通本专业知识,让一个物理学教授去评判数学专门人才水平,既强人所难也难以客观科学,因此学校层面无法很好地遴选出学院学科专业所需的人才,主要参考的可能仍然是第一学历、主持什么级别课题、发表多少篇论文等,而这些反而是破"五唯"的主攻方向。院系作为学校生产车间的地位不扭转,则被学校管理部门指挥、疲于应付的状态就难以根本扭转。此外,资源配置"倒金字塔"式的权力结构也难以调动院系一级的主动性、积极性,难以聚合院系一级的内在发展动力。

2. 院系对下放的权力承接乏力

长期以来,学院作为学校二级单位,习惯于执行学校的统一部署,习惯于按照职能部门事先拟定的考核指标开展人才培养、科学研究等工作。本质上,在大学内部治理中,学院是地地道道的被治理者,治理主体地位湮灭,导致其治理能力低下。学校权力下放后,学院对如何接好、用好、用足下放的权力缺乏思想准备,缺乏应对举措,反而造成一种错位,即权力在学校层面,学院执行学校命令发展得更好,造成不下放权力比下放权力更能推动学院乃至学校发展的假象。此外,在现代大学制度建设过程中,目光和焦点都在学校层级。在校级层面,围绕着党委领导、校长负责、教授治学、民主管理,高校制定和完善了制度体系,围绕人才培养、科学研究、社会服务、文化传承创新、国际交流合作五大职能,高校加强了制度建设,从学校层面来看,制度是完备的。但是从院系层面来看,制度建设仍处于起步阶段，部分高校二级学院的制度很不健全，例如党政联席会制度、"三重一大"制度多年未修改，已落后于教育教学、办学治校实际情况，部分高校二级学院未制定学院党委会议事规则，未厘清二级学院党委书记和院长的职责。由于缺乏制度规范，学校层面权力下放后，如何用好用足下放的权力就缺乏必要的制度保障和规范，因此，导致下放的权力没有发挥应有的效用。

（三）院系治理民主性渐失

当前，教育"放管服"改革推动办学自主权从政府向学校转移，学校管理重心下移推动办学自主权从学校向学院转移，这两个转移方向和趋势不会发生逆转，因此，院系定会掌握越来越多的资源和权力。从院系治理现状来看，普遍呈现个人统治式治理模式。学院院长既是行政职务，掌握着行政资源配置权和行政管理权，同时也是一个专业技术性岗位，通常来讲，院长都是由学院各专业领域内学术水平造诣最好或最具发展潜力的人担任，因此，院长也当然具备学术权威，掌管着院系的学术权力。"学术权威借助行政权力演变成'学术霸权'，垄断了学术话语权和资源分配权，学术治理已然被行政化的管理所取代。"[61]学院院长同时掌管着行政权力和学术权力，由于权力集中且缺乏必要监督，下放至院系的资源分配权原本应按照公平公正、民主参与的原则进行分配，但实际上却是院长"以个人为圈子的中心、以学院或者关系网络为重心来参与资源配置"[62]。进而，与院长学科专业领域相近似的能够获得较多的资源，发展成为院系内一家独大的学科，而学院内与院长专业领域较远的，则相对发展得不是很好。这一现象也体现在普通的学科组织中，学术带头人掌握着学术资源的配置权，大到专业建设、小到职称评审，学术带头人、大牛们掌握话语权。院系普通教师的话语权式微，积极性受到打压，普通教师群体普遍的感受是基层权力配置民主性、公正性并未优于学校层面，因此，普通教师反而希望权力不要下放至院系，由此导致高校内部治理重心下移的改革欠缺广泛的群众基础，基层治理的公平性和民主性也因此被消解。

第 六 章

境外世界一流大学
治理案例分析

当下，世界一流大学主要来自西方国家，其中，美国、英国在世界排名前十的一流大学的占有率中表现抢眼，这与它们重视大学治理息息相关。虽然西方大学在成长为世界一流大学的历程中，基于自身独特的国情、独特的历史、独特的文化等，发展出各具特色的大学治理体系，但都能很好地适应并推动一流大学的成长。深入研究世界一流大学治理体系，凝练出世界一流大学内部治理的先进经验，可为进一步完善我国大学内部治理体系推开一扇窗，进而，通过一流的治理，为新一轮"双一流"建设提供治理保障。

第一节　哈佛大学治理案例分析

哈佛大学创办于 1636 年，前身为哈佛学院，"成立之初受马萨诸塞州殖民地政府赠地、捐资、渡船税等形式的资助"[63]，具有一定的公立色彩，马萨诸塞州政府拨款也一度是哈佛最主要的经费来源。在办学过程中，哈佛大学的经费格局发生深刻变化，市场化、外部收入来源逐渐成为哈佛大学主要的收入来源，到 1819 年，哈佛大学的私立身份得到确认。由于哈佛大学办学收入来源主要是外部收入，社会力量在其创办、发展以及最终成为一流大学的过程中发挥着重要作用，联邦政府、马萨诸塞州主要通过财政拨款和科研资助与哈佛产生联系。在哈佛大学成长为世界一流大学的发展历程中，其扎根美国本土，传承美国文化基因，逐步形成了独具一格的治理模式。

一、哈佛大学的治理结构

哈佛大学治理结构受到美国政治分权制度的影响，在漫长的发展历程中，哈佛大学建构起具有美国特色的内部治理结构。在学校层面，哈佛大学形成了董事会（监事会）—校长—学术评议会分权制衡的治理格局；在学院层面，哈佛大学形成院长—学术评议会分权制衡的治理格局；此外，哈佛设有监事会，这也是其治理结构的特色之处。

（一）学校层面：董事会（监事会）—校长—学术评议会分权制衡

"哈佛大学治理结构具有鲜明的外部人控制特征，社会力量参与办学主要通过董事会方式进行。"[64] 董事会是哈佛大学的最高决策机构，1650年，《哈佛学院的校长和评议员特许状》宣布成立董事会，对哈佛学院进行有效治理，特许状规定：董事会为哈佛学院法人，董事会组成人员共计7人，分别为校长1人、评议员5人和司库1人。哈佛学院董事会成立伊始，"董事会成员中仅校长由校内人士担任，5名评议员和1名司库都由校外人士——当地的牧师代为担任，由此成为一项传统"[65]。2010年，为满足内部人和外部人参与大学治理的诉求，哈佛大学对董事会进行改革，董事会成员予以增加，由最初7人组成增加到13人组成，同时，对董事会组成人员任期进行调整，现行董事会成员一届任期6年，期满可连任一届。改革最主要的内容是进一步扩张董事会的职权，董事会负责管辖财政、学术及资产事务，制定学校规章制度，负责选拔任命校长等重大事务。哈佛大学通过设置董事会这个治理机构，既保持了哈佛大学与外部世界的联系，确保哈佛大学能够及时了解到经济社会发展对学校教育教学、人才培养、科学研究等方面的需求，更能很好地确保哈佛大学与外部世界之间保持适度的距离，使之免受校内外政治势力、市场力量的过度干预和控制，使之能够保持传统大学远离世俗、从事高深学问之研究的纯粹，进而确保其内部的学术自由和学术自治。

在哈佛大学成长历史上，监事会成立早于董事会。哈佛学院成立之后，即1642年，便成立了监事会，监事会是哈佛学院最早也是最主要的治理机构。在哈佛学院漫长的办学历程中，监事会履行哈佛学院内部决策和事务管理工作。直到1865年，董事会成为哈佛大学内部治理决策机构，监事会的职责转变为主要承担监督、咨询等职能。现在哈佛大学监事会由32人组成，其中，校长和财务主管是监事会的当然成员，其余30名成员由校友选举产生，监事每届任期6年；为确保满足内外部人参与大学治理的诉求，以及督促监事会成员认真履行职责等，监事会每年增选成员5名，哈佛大学对监事增选实行差额选举，提名人选 8 名，选举 5 名。

校长是哈佛大学校内事务运行的执行机构，校长由董事会遴选和任命、监事会通过，校长身兼董事会主席、监事会当然成员和学术评议会主席三职，是哈佛大学治理的纽带和核心。校长的治理职责主要包括："作为领导者处理校内行政事务，作为企业家向校外筹措办学经费，作为政治家协调校内外各利益相关者之间的关系。"[66] 在哈佛大学漫长的办学历程中，校长逐渐成为校内治理的核心有其深层原因。在哈佛学院创办之初，董事会是哈佛学院的决策机构，但是董事会组成人员多半是校外人士，他们没有时间和精力处理大学日常烦琐的内部事务。到后来，由于经济社会发展，知识分工越来越细，大学作为一个学术组织，其专业化、复杂化程度越来越高，董事会这一外部人控制的治理架构日益暴露出外行人的缺点，而校长作为内部人且是大学治理专业人士的优势逐渐彰显，因此，大学校长在大学治理中的作用越来越大。

学术评议会是哈佛大学学术事务决策机构，其组成成员主要包括校长、各学院院长和教授等。起初，学术评议会并非哈佛大学一个独立的治理机构，近年来，鉴于学术事务重要性日渐提升，学术评议会逐渐演变为大学内部治理结构。学术评议会职权不断扩大，主要包括制定学术发展规划、设置课程、对新入职教师的学术能力进行评价、对申请终身教职员工进行学术评价等学术性事务。

（二）院系层面：院长—学术评议会分权制衡

哈佛大学前身为哈佛学院，哈佛学院创办之初主要效仿英国大学，因此，带有英国牛津大学、剑桥大学等学院制特征。哈佛大学是由 12 个学院组成的学院制大学，学院是哈佛大学的办学实体和教学中心，因此，哈佛大学的治理重心在学院一级，这充分体现了哈佛大学对学术自由、学术自治、教授治校理念的践行。学院作为办学治校、教育教学的主体，拥有自行决定人才培养目标、制定人才培养方案、设置课程、聘用教学人员等日常治理权。当然，校级层面也要保留一部分统筹权，例如学校仍然保留年度预算、终身教职等权力，学院的年度预算、终身教授职位授予仍需要校长审批。学院院长由校长选拔、任命，具体负责院系层面的行政事务。系是哈佛大学最基本的教学实体，负责完成学院的教学和科研任务。系主任一般每三年由高级教员轮换一次，由院长任命，对院长负责。系之下的研究中心有时也设有行政事务办公室，负责处理一些行政事务[67]。

哈佛大学院系层面也设有学术评议会，教授治学、教师参与大学治理主要通过学术评议会实现，学术评议会在教员聘任、岗位晋升、课程安排等事务上具有决定权。学术评议会不定期召开，学术评议会主要讨论学院事业发展规划、学院内部管理制度，共同商讨学院改革举措等。

二、哈佛大学治理的主要特征

（一）内外部人共同治理

哈佛大学治理结构是内外部人共同治理的集中体现。在哈佛大学，董事会是学校最高决策机构，董事会成员由校内外人士共同担任，可见，在人员组成方面，哈佛大学能够很好地将内外部人共同拉进大学，共同治理哈佛大学。在董事会议事决策机制方面，董事会采取集体决策机制，能够最大限度地集聚不同利益主体的诉求。此外，如前所述，校长是哈佛大学治理的纽带和核心，校长由董事会任命，当然要执行董事会的决定，而董事会成员中多数由校外人士担任，能够很好地体现校外人的治理意见；同时，校长也要听取教职员工的意见建议，并将教职员工的诉求反映在其办学治校过程中，如此，校长就很好地处理外部人控制与内部人控制之间的关系。可见，从哈佛大学治理结构观之，哈佛大学能够最大限度地凝聚校内外相关利益方的治理愿景，能够将校内外人拉进来，共同参与哈佛大学的办学实践。

（二）利益相关者民主治理

哈佛大学具有典型的民主治理特征，例如，在校长遴选方面，一是校长遴选委员会组成成员具有广泛的代表性，遴选委员会中有教师、学生和校友的代表等；二是哈佛大学通过媒体邀请校外人士推荐校长候选人；三是，采取民主投票方式，获得票数多的候选人胜出。此外，董事会的遴选结果需要接受监事会的监督，并得到监事会的认可后方可通过，这进一步彰显了校内治理的民主协商性。又如在监事会成员组成方面，监事会每年增选 5 名，但是，监事增选实行差额选举，提名人选 8 名、选举 5 名。哈佛大学的民主治理还体现在校长要广泛听取教职员工的意见建议，并将之落实在办学治校的实践中。

（三）依法治理规范有序

"哈佛在治理中有这样一种坚定不移的信仰与毫不动摇的执行理念：法理第一，规则高于一切。"[68]哈佛大学治理活动严格遵守规范和正当的程序设计，哈佛大学董事会虽是校内最高的决策机构，其角色类似学校举办者的身份，但是，董事会成员并未因此享有控制和干涉学校的办学事务的特权。哈佛大学校长的遴选严格遵照 1650 年特许状和 1780 年法案中的专门条款的相关规定以及校长遴选的程序进行。校长按照学校章程、大学制度办学治校。建校以来，哈佛大学内部事务井然有序、有条不紊，与每届校长都具有强烈的规则意识密不可分。哈佛大学师生员工也普遍具有较强的规则意识、法治意识。当然，哈佛大学的成功不止在于有一套完善的规则制度体系和程序设计，还在于哈佛大学将这套精英设计的规则和程序坚定地执行下去，在哈佛大学，无论是董事会成员、校长，抑或是普通的教职员工，都自觉按规则行事、按程序办事，很少听说存在关系、人情等。因此，有一套好的规则设计，并将之坚定不移地执行，是哈佛大学成功的秘诀之一。

第二节　牛津大学治理案例分析

　　牛津大学与其他欧洲大学相似，最初也是脱胎于教师行会，是学者自我管理的学术自治社团。成立之初，牛津大学远离社会中心，学者们在象牙塔内探索学问、精进学术，远离世俗社会，当时的皇权、教会等对牛津大学事务也不加干涉，牛津大学享有高度的学术自主权。但是，牛津大学这样的一种自治状态从 1850 年开始逐渐被打破。在这一年，英国政府成立了专门委员会，开始了对牛津大学内部事务的观察、监督、干预。1919 年，因入不敷出，牛津大学被迫向英国政府申请财政支持，同年，英国成立大学拨款委员会，开始对牛津大学等英国高校提供财政经费支持，也正是从这一年起，英国政府对干涉牛津大学内部事务有了实质性的进展，至此，以牛津大学为代表的一部分英国大学结束了自给自足的状态，政府开始通过财政经费资助的方式干预大学内部事务。1989 年，英国政府成立大学基金委员会，加强了对大学内部事务的控制，引发牛津大学等高校不满。20世纪以来，牛津大学加大社会化、市场化募集资金力度，增加了牛津大学的经费收入，为其保持大学自治传统提供了财力保障。牛津大学的发展历程对其大学治理结构产生了深远的影响，其大学治理结构也经历多次调整后才最终确定。

一、牛津大学的治理结构

　　作为世界一流大学，牛津大学内部治理结构能够随着经济社会发展环境的变化作出相应的调整，历史上，牛津大学治理几经调整，譬如 2000 年内部治理结构改革、2004—2006 年内部治理结构改革等。历经多次改革创新，牛津大学内部治理结构基本定型。在学校层面，教职员全体大会、大学理事会、校长分权制衡，在学院层面，是学院制自治传统。

（一）学校层面：教职员全体大会—大学理事会—校长分权制衡

教职员全体大会是牛津大学最高立法机构，同时，也是大学最高权力机构。教职员全体大会规模庞大，成员超过 5000 名，包括学术人员、学院领导、行政管理人员、图书馆人员以及社会人士等。教职员全体大会的主要职责包括批准对牛津大学章程与条例的补充或修改，审议理事会或教职员大会成员提交的重大政策问题等[69]，牛津大学很好地传承和坚持了学者治校的历史传统，因此，教师在牛津大学内部治理中享有很大的话语权，教师主要通过教职员全体大会行使权利、履行责任，教职员全体大会是牛津大学民主决策的根本体现。

牛津大学理事会（俗称董事会）是大学治理中的最高执行机构。理事会成员一般有 25 ～ 28 人，主要包括教职员大会遴选人员、当然委员和外行成员，外行人员占 4 人；理事会主要负责大学的学术政策，处理大学和学院及对外关系，以及管理财务和资产，等等。理事会下设 5 个专门委员会：教育委员会、综合目标委员会、人事委员会、规划和资源分配委员会以及研究委员会。教育委员会主要负责有关教学、评价等活动，综合目标委员会主要是向理事会提供关于议题或活动的策略等，人事委员会主要负责关注就业政策等，规划与资源配置委员会主要负责提供关于规划、资源配置等方面的建议，研究委员会主要负责大学研究活动方面的建议。

校长、副校长是牛津大学的执行机构，具体负责执行牛津大学管理事务。校长一般等同于我国大学的名誉校长，对外代表学校，但不具体负责内部管理事务。副校长事实上是牛津大学最高的行政管理和学术事务官员，和我国公立大学校长类似，副校长一般由委员会提名，由教职工全体大会审批产生。副校长的主要职责包括：负责大学发展的战略方向，作为学校在国内外交流合作的代表。

（二）学院层面：学院制自治传统

牛津大学是典型的学院制大学，这是其与诸多一流大学最大的区别。牛津大学是由 39 个独立的学院组成的联邦制大学，每个学院都拥有自己的食堂、教堂、图书馆等，每个学院的建筑风格都自成一体。每个学院都是独立的法人团体，有自己的章程，享有高度自治权，设有自治机构，自主管理本学院人才培养、资源配置、建筑设施等。在对外关系上，牛津大学是一个自治的实体，各学院虽然享有高度自治，但是对外均不能代表学校。当然，在校院二级关系上，牛津大学各学院必须遵从学校统一的章程，学校章程由教职员全体大会起草通过。这种关系和国内大学最近几年推行的校院两级管理体制改革有相同之处，只不过，国内高校学院虽被赋予越来越多的自治权，但是与牛津大学的学院相比，享有的权限仍远远不足。

二、牛津大学治理的主要特征

（一）依法治理

有章可循、有据可依是牛津大学治理的典型特征。牛津大学有严密的制度体系，大学层面和学院层面都分别制定各自的章程，通过章程明确学校和学院各自的权限与职责，牛津大学还根据主要管理事务制定配套的规章、细则、规则等制度文件，对校内机构的权限、职责，对学术人员的聘用、学生成员的管理、学位授予等均作出明确规定。牛津大学还具有严格执行章程、制度的优良传统。牛津大学享有高度的自主管理权，但是，校级层面教职员全体大会、大学理事会等在行使职权、履行职责的过程中，都自觉遵循依法治理的思路，严格执行学校各项规章制度，不打折扣、不走过场。牛津大学教职员工法治意识普遍较高，能够自觉按照现有的制度规范开展各种活动，因此，在牛津大学，校内各项学术研究、内部事务管理等都依法井然有序地进行。

（二）集体决策

牛津大学有民主集体决策的优良传统，在牛津大学，教职员工实实在在地参与到学校事务中去，以主人翁的姿态参与到决策中去。在学校层面，教职员全体大会是最高立法机构，依据教职员大会的议事规则，"所有议题都应依照少数服从多数的原则进行决议，当出现票数相等的情况时，会议主席有权进行第二轮投票或投出决定票"[70]。在学院层面，集体决策的议事传统更是体现得淋漓尽致，学院教职员工有权对学院内部事务直接作出决定。集体民主决策有效提升了教职员工的主动性、积极性，使得学术自治传统得到真正落实，更为大学的民主决策奠定了坚实基础。

（三）公开透明

公开透明是牛津大学内部治理的又一典型特征，公开透明主要体现在两方面：一方面，内部决策权力行使过程公开透明。依据牛津大学章程规定，教职员全体大会的会议议题、议程、决议等要向师生员工公开。一般来讲，在教职员全体大会召开前，学校应将会议的议题、议程等信息通过《大学会报》等方式向校内公开；教职员全体大会结束后，应将会议议题及相关决议再次通过《大学公报》等方式向校内公开。国内部分高校将党委常委会、校长办公会会议纪要，通过办公系统向教职员工公布，与其有异曲同工之妙。另一方面，内部日常管理事务行使过程公开透明。"教职员工可通过《大学公报》及学校网站，查询教职员大会与校务委员会的会议安排，校务委员会均有详细的会议记录，相关记录也必须在学校网站上公布（涉密除外）。"[71]

第三节 东京大学治理案例分析

1877 年，日本东京大学创立。自创立伊始，东京大学内部治理结构转变主要分为三个重要阶段：第二次世界大战之前、第二次世界大战之后以及国立大学法人化改革之后。2003 年，日本文部科学省印发《国立大学法人法》，现行东京大学内部治理结构是在国立大学法人化改革的基础上形成的。

一、东京大学的治理结构

（一）学校层面：校长—议员会—经营协议会—教育研究评议会—校长选考委员会

国立大学法人化改革之前，学校权力由学部教授会掌控。国立大学法人化改革之后，校长是大学的法定代表人，是大学的最高负责人，主持大学的法人事务。《东京大学宪章》规定，东京大学在校长的统辖和负责下致力于建立卓有成效的运营管理模式。但是，校长在对有关大学法人经营管理事务等重大事项作出决策时，要经过经营协议会和教育研究评议会的审议，并根据审议结果进行最终决策。

议员会是东京大学的校内决策机构，日本《国立大学法人法》规定，国立大学设置议员会。2004 年，东京大学制定《议员会规则》，对人员构成、职能及运行规则进行规定。按照《议员会规则》规定，议员会人员由校长和理事组成，理事由校长任命，协助校长处理校内事务。为吸引校外人士共同参与大学内部治理，《议员会规则》规定，理事必须有一定数量的校外人士代表。议员会主要职责是：拟定学校中长期事业发展目标、制定事业发展规划、拟定重要规章制度，等等。

经营协议会是东京大学校内审议机构，《国立大学法人法》规定，国立大学设置经营协议会。2004 年，东京大学制定《经营协议会规则》，对人员构成、职能及运行规则作了规定。按照《经营协议会规则》规定，经营协议会人员由校长、理事、大学职员以及校外人士组成。虽然议员会组成人员也要求有一定数量的校外人士代表，但经营协议会在校外人士数量上有更高要求，即校外人士数量必须达到经营协议会成员半数以上，校外人士经教育研究评议会审议、校长任命，任期 2 年，可以连任。经营协议会的主要职责是审议中期计划、中期目标以及预算等事项中涉及大学管理的事项。

教育研究评议会同为东京大学校内审议机构，《国立大学法人法》规定，国立大学设置教育研究评议会。2004 年，东京大学制定《教育研究评议会规则》，对教育研究评议会人员构成、职能及运行规则等进行规定。按照《教育研究评议会规则》，评议会人员构成包括校长、理事、重要教育研究组织负责人以及指定人员。教育研究评议会的主要职责是审议中期计划、中期目标、教师人事、学生等有关大学教育研究等事项。

《国立大学法人法》规定，国立大学设置校长选考委员会。2004 年，东京大学制定《校长选考委员会规则》，对人员构成、职能及运行规则进行规定。按照《校长选考委员会规则》，校长选考委员会成员共计 16 人，由经营协议会与教育研究评议会分别选出相同人数的委员担任。委员任期 2 年，可以连任。校长选考委员会主要行使校长的选任以及解聘等权力。

（二）学院层面：学部教授会—院长

在学院层面，国内大学法人化改革后，学部教授会不再享有实质性权力，但是，东京大学依然用校规、惯例等方式，保留学部教授会的部分学术权力，例如学部教授会仍保有学部长选考等权限。国立大学法人化改革后，东京大学注重强化学院、系等基层学术组织的权力，东京大学赋予学院人事、财务等管理权限。当前，以院长为代表的行政权力与以学部教授会为代表的学术权力在运行中基本能够做到相互协调，当然，权力的冲突、纠纷也时有发生，如何进一步优化两种权利的行使，依旧考验着东京大学的智慧。

二、东京大学治理的主要特征

（一）坚持依法治校、循章管理

东京大学内部治理结构改革是依法依章程推进的，在国家层面，日本制定《国立大学法人法》，对国立大学内部治理结构中校长、议员会、经营协议会等组织组成人员的职权职责等作明确规定，《国立大学法人法》是国立大学内部治理改革的根本依据。在学校层面，东京大学制定《东京大学议员会规则》《经营协议会规则》《教育研究评议会规则》《校长选考委员会规则》等，并对上述机构的人员构成、权限职责和运行规则进行规定，为上述机构立足本职、履责尽责等奠定了法治基础。东京大学还出台了一系列规章制度、配套实施细则，确保学校各项管理事务、学术事务都有法可依、于法有据。东京大学还特别重视制度的前瞻性、适应性，确保制度规范能够不断适应学校办学治校实践，并根据办学治校实践变化，不断完善制度的内容和形式，确保大学各项活动都在法治轨道上有序运行。

（二）坚持以人为本、民主管理

东京大学之所以能在较短时间内跻身世界一流大学行列，根本原因在于其拥有一流的师资，一流的师资能够产出一流的科研成果，为日本经济社会发展提供源源不断的技术支撑；一流的师资能够培育一流的学生，为日本经济社会发展输送一批又一批中坚力量。吸引一流的师资，除良好的福利待遇外，还与东京大学管理层在办学治校理念上注重以人为本、民主管理休戚相关。东京大学不因政治观念、宗教信仰等有差别地对待教职员工，相反，东京大学平等地保障每一名教职员工都被公平的对待，以及有公平的机会参与到大学各项活动中。东京大学还特别注重校内事务的民主管理。一方面，在学校内部治理机构组成人员上，经营协议会、教育研究评议会成员中均有部分教职员工代表；另一方面，学校在作出重大决策或处理关系教职工切实利益的事务时，全程要求师生参与，认真听取师生意见，鼓励师生按照《东京大学宪章》等规定行使权利，通过校内民主管理，极大地推动大学决策科学化、民主化。

（三）强化院系主体地位

《国立大学法人法》废除学部教授会职权，强化学院（系）等基层学术组织的职权。东京大学作为亚洲一所顶尖大学，特别注重强化院系主体地位，充分发挥院系在学校办学治校中的主体作用。《东京大学宪章》明确指出，东京大学所有院系、研究所是自主运营的学术组织，一方面，有权公平、平等地参与大学运营；另一方面，享有自主经营的主体地位和权利，可自由开展内部管理和学术事务。东京大学注重强化院系办学的主体地位，充分发挥院系主人公精神，也是推动其不断走向卓越的成功密码。

第四节　香港科技大学治理案例分析

香港科技大学创立于 1991 年，自 2011 年始，香港科技大学在世界大学排名中始终名列前茅，曾经连续 3 年位列亚洲第一。短短 20 余年，香港科技大学取得如此骄人的办学成绩，得益于其具有一流的内部治理体系和治理能力。在大学与政府之间，香港科技大学效仿英国大学成立了大学教育资助委员会，教资会是一个协调政府与大学关系的中介机构，一方面，保障政府对大学拨款的科学性，另一方面，可以减少政府对大学的影响和控制，为香港科技大学的事业发展营造良好的外部治理环境。在内部治理方面，香港科技大学选择学习借鉴美国大学内部治理结构，设置董事会、顾问委员会、教务委员会，此外，董事会下设以校长为首的行政机构，学院设置有院务委员会。

一、香港科技大学的治理结构

（一）学校层面：董事会—顾问委员会—教务委员会

董事会是香港科技大学的最高权力机构，《香港科技大学条例》对董事会组成人员、职权职责等作出明确规定。根据《条例》规定，董事会成员包括校长、副校长、学院院长、校外人士等。董事会是内外关系联结的纽带。在对外关系上，董事会既要向政府负责，又要代表大学向政府争取资源；在对内关系上，作为最高权力机构，董事会并不直接管理学校，而是授权以校长为首的行政机构实施管理。这就将以董事会为代表的决策权与以校长为代表的行政权相对分离，确保权力行使规范有序。

顾问委员会是香港科技大学的最高咨询机构，类似于国内大学的理事会，成员由当然成员、任命成员、荣誉主席及荣誉成员组成。顾问委员会不直接参与学校的实际管理工作，主要职责是为香港科技大学中长期事业发展提供决策咨询，定期审查校长提交的年度报告和董事会报告，同时，为大学发展筹措资金。

教务委员会是香港科技大学的最高学术决策机构。成员主要包括校长、学院院长、教学人员代表及学生代表等，主要负责制定和监督实施教学与学术政策。

（二）学院层面：院务委员会

学院层面设置院务委员会，成员主要包括学系或学部成员，主席由院长担任。院务委员会定期召开，每学期至少召开一次，若院务委员会主席认为有需要，也可提议临时召开。院务委员会的主要职责是负责处理院内事务，以及教务委员会要求其履行的其他职责等。

二、香港科技大学治理的主要特征

（一）坚持依法治校

重视制度的建设与执行是香港科技大学迅速崛起的关键一招。在香港科技大学创立之初，如何办学治校就成为摆在创办者面前的一个亟待解决的问题，创办者多具备海外学习经历，在办学治校上借鉴美国、欧洲等世界一流大学依法治理的宝贵经验。香港科技大学相继颁布《条例》《规程》《教员手册》等各项制度规范，这些制度成为香港科技大学的治校之基，保障香港科技大学各项事务有章可循、有据可依。例如以人事制度为核心的《教员手册》最初仅是一本小册子，现在已扩展为 300 多页的章典，"对香港科技大学组织、教务政策和执行程序、教务服务、学生服务、研究开发等都有详细的规定和说明"[72]。香港科技大学也十分注重制度的执行,众所周知,制度的生命力在于执行,在香港科技大学,全校上下都树立起严格执行制度、照章办事的法治意识。对学校颁发的规章制度,任何人都必须遵守,在制度规章面前,任何人都没有特权。正是因为师生员工敬畏制度、严格执行制度,学校各项工作才能更加规范、井然有序。

(二)遵循共同治理

共同治理能够凝聚最大公约数、集聚合力,共同推动香港科技大学创建世界一流大学。在大学与政府的关系上,香港科技大学董事会既是校内最高权力机构,也要向政府负责,通过这样的制度设计,香港科技大学在大学治理上,选择将政府拉进来而非推出去,这样不仅可以向政府筹集办学经费,也可以获得政府的政策支持。在内部治理上,教务委员会、学院院务委员会的成员都有教师代表、学生代表,不仅体现了民主性、广泛性、参与性,而且教师代表、学生代表可以根据《香港科技大学条例》等内部制度规定,实质性地参与大学治理的全过程,享有办学治校权利,积极履行相应职责。"为了让师生更加了解校董会的职责和运作,校董会专门举办管治论坛,借此加强校董会与师生和校友的交流,以达成大学共同治理的目的。"[73] 可见,香港科技大学通过共同治理的制度设计,集聚校内外一切积极因素,共同推进学校事业发展。

(三)尊重专业治理

"民主并不意味着每一个个体都可以扮演等价角色,因为不同参与者的行动内容与能力存有差异。"[74] 众所周知,大学是学术组织,学术事务是大学最主要的事务,因此,作为大学管理者,必须在相关学术领域内享有较高造诣。香港科技大学十分重视专业人士治理,从顾问委员会、教务委员会、院系院务委员会等专业组织的人员构成来看,专业人员都参与其中并发挥重要作用。当然,遵循共同治理与尊重专业治理二者并行不悖,相互之间并不冲突，共同治理强调平等性、参与性，意味着每一个师生员工都有机会参与到大学事务的治理上。而实际上，香港科技大学在强调共同治理的基础上，遵循专业治理路径，"因事项性质不同而设置委员会制与代表制，充分考虑不同人员具有的权利及影响力的差异"[75]，尊重专业治理既可避免泛民主化的弊端，更有利于实现让专业人士干专业事情，提高内部治理的科学性、精准性，从而更能保障学校事业持续稳定健康发展。

第五节　境外世界一流大学治理的经验启示

前文通过仔细分析哈佛大学、牛津大学、东京大学和香港科技大学内部治理结构，可以发现，世界一流大学内部治理结构、治理模式各具特色，并非整齐划一。但是，在承认差异性的同时，我们也发现，世界一流大学在内部治理体系和治理能力现代化方面存在一些共同特征，我国在创建世界一流大学和一流学科的历史进程中，要善于借鉴学习世界一流大学已被实践证明的办学治校方面的典型经验。

一、打造共同治理格局

"大学不是一个整齐划一的机构，而是一个拥有一定自治权的各种团体组成的社会组织。"[76]世界一流大学内部治理结构普遍由多个治理主体共同组成，例如哈佛大学学校层面的董事会（监事会）—校长—学术评议会，又如香港科技大学的董事会—顾问委员会—教务委员会—学院院务委员会，各个治理主体相互之间既密切配合、相互协作，又相互制约、相互制衡，共同治理不仅可以促进各个治理主体规范行使权力，又能促进治理主体共同围绕学校事业发展总体目标、总体规划行使职权、履行职责，共同服务于学校事业发展目标。我国在深入推进"双一流"建设进程中，也应该借鉴大学共同治理的经验，吸纳社会人士参与大学治理，优化政府参与大学治理的机制，动员师生员工参与大学内部治理，并创设制度予以保障，通过共同治理，凝聚合力，共同推进"双一流"建设及预期目标实现。

二、坚持依法依规治理

依法依规治理是世界一流大学的通行做法。牛津大学学校层面制定有章程，各学院自行制定本学院章程，学院按照章程自主安排本学院的人才培养、科学研究等学术与管理事务，同时，学院的各项活动都必须遵从牛津大学章程。《国立大学法人法》是东京大学内部治理的根基，该法明确规定了东京大学要设置议员会、经营协议会、教育研究评议会、校长选考委员会等治理机构，东京大学根据《国立大学法人法》，制定《东京大学宪章》《东京大学议员会规则》《经营协议会规则》《教育研究评议会规则》《校长选考委员会规则》，等等。上述规则对人员构成、职权职责及运行规则进行明确规定。可见，世界一流大学内部治理机构都直接源于法律规定、依法设置，设置之初，对各个治理主体权限、职责都有明确清晰的界定，为各个治理主体依法依规开展学术和管理事务奠定了坚实的基础。香港科技大学还注重制度的执行，制度执行已经成为教职员工的习惯。近年来，我国注重中国特色现代大学制度建设，基本形成了以章程为核心的现代大学制度体系，依法治校、依法治教已成为基本共识，师生员工的法治意识、法治观念得到明显提升，在深入推进"双一流"建设的历史进程中，要进一步坚持依法依规办学，让法治成为"双一流"建设的守护神。

三、注重多方民主参与

世界一流大学内部治理十分重视多方民主参与。哈佛大学校长遴选过程就是多方民主参与的过程，校长遴选委员会中有师生代表、校友代表等。东京大学也特别注重多方民主参与，东京大学经营协议会和教育研究评议会成员中均有部分教职员工代表，学校在开展日常事务管理和处理学术事务时，十分注重吸收师生员工广泛参与，并保障师生员工依法行使权利、履行职责。香港科技大学是多方民主参与治理的典范，教务委员会、学院院务委员会中均有师生代表,师生可依法依规实质性地享有办学治校权利。近年来,我国高校十分注重多方民主参与,在学术委员会、教职工代表大会等组织中,增加一线师生员工的比例,同时,注重发挥学生参与大学内部治理的作用。但是从总体来看,师生参与大学内部治理形式大于内容,师生员工尚未享有参与内部治理的实质性权利。接下来,"双一流"建设高校要探索赋予师生员工实质性参与大学内部治理的权利、参与方式等,通过多方民主参与,集聚广大师生员工智慧,共同推进"双一流"建设。

四、强化院系主体地位

牛津大学被称为联邦制大学,各学院与大学保持高度独立,各学院在不违反法律和牛津大学章程的前提下,可以自主安排学术事务和开展综合管理,学院是名副其实的大学事业发展的火车头。东京大学也十分重视发挥院系等基层学术组织作用,赋予院系办学主体地位,所有院系、研究所均可根据学校授权,自由开展综合管理和学术事务。正是因为东京大学较早地赋予院系主体地位,赋予院系等基层组织较大的自主发展权,才推动东京大学不断走向卓越。近年来,我国在赋予高校办学自主权方面持续加码,从"管办评"分离到"放管服"改革,国家下放的权力越来越多、越来越实。高校在承接政府下放的权力之后,也在推进管理重心下移,加大校院两级管理改革力度,学院(系)享有越来越多的办学自主权、学术事务处置权。但是总体来讲,学院办学主体地位尚未真正确立,学院"等靠要"思想还未完全转变。"双一流"建设高校要持续推进校院管理体制改革,赋予学院与事权相匹配人权、财权等,让学院真正成为办学治校的主体,充分激发学院办学的主动性、积极性。

综上,世界一流大学具有共同治理、依法治理、多方民主参与以及强化院系主体地位等共同特征,本书并未想通过列举的方式寻找出世界一流大学所有的共同特征,比如上文提及的尊重专业治理。本书寄希望于通过归纳世界一流大学共同特征,为我国"双一流"高校内部治理改革创新提供经验启示。当然我们也深刻认识到，中国特色世界一流大学首先是中国特色，成熟的治理经验并不一定适合我国大学内部治理所需，移植被实践证实的优秀制度设计产生水土不服的案例不胜枚举，因此，归纳世界一流大学治理经验、特征，只是为我国世界一流大学内部治理革新提供一个新的视角，我们在借鉴经验的时候，一定要牢记立足本国实际、扎根中国大地这一前提，做好先进制度的本土化。

第 七 章

国内顶尖大学治理
变革案例分析

一流治理成就一流大学，高等教育工作者很早就意识到内部治理对于大学改革发展的重要作用。"文革"结束后，高等教育领域逐步恢复正常，改革高校内部管理体制机制，激发高校办学活力，就成为摆在大学管理者面前一个亟待解决的课题。1979年，华东师范大学校长刘佛年、复旦大学校长苏步青、上海交通大学党委书记邓旭初、同济大学校长李国豪联名在《人民日报》发文，呼吁《给高等学校一点自主权》，这篇文章得到社会各界广泛关注，反映了社会对高校办学自主权的关切。《人民日报》还专门为四位校长的呼吁文章加了一个编者按，提出"学校应不应该有点自主权，该有哪些自主权，教育体制如何改革才能更好地适应工作重点的改革"。此后，扩大高校办学自主权逐步成为国家高等教育政策法律的核心内容。1979年，上海交通大学率先开展内部管理体制改革，在校内试点实施人员流动、岗位责任制等改革。1983年6月，中央政府同意上海交通大学扩大管理权限，增强学校办学活力的改革措施。受中央政府政策引导，各高校纷纷开展扩大高校办学自主权的改革，时至今日，高校办学自主权改革仍然是高等教育政策变革的重点、热点和难点，当然，高校也试水内部管理体制改革、教育评价改革等其他制约高等教育改革发展的热难点问题。从1979年四位校长撰文之始，截至目前，有几个具有代表性的高校内部管理体制改革成为当前研究大学内部治理体系和治理能力现代化绕不开的里程碑式事件。

第一节　刘道玉和武汉大学教育改革

1981 年，经中央批准，刘道玉被任命为武汉大学校长，时年 48 岁。在"允许改革犯错误，但不允许不改革"的特定时代背景下，刘道玉被寄予厚望。武汉大学开学第一天，刘道玉校长就对全校学生说，"如果老师的课讲得不好，你们可以不听""不爱读书就去实习，考试时再回来"，这是刘道玉给师生的初印象。刘道玉被誉为武汉大学的蔡元培，他在武汉大学进行了大刀阔斧的教育改革。

一、改革的主要举措

（一）学分制

主政武汉大学不久，刘道玉便发现，教师教学的积极性和学生学习的积极性不够，经调查研究，本科学制是最大的制约因素。本科学制以学年为标准，学满四年无论成绩优劣都可以毕业。以学年为标准无法客观衡量学生的学习成效，有的学生学得好、学得快，4 年毕业，有的学生学得差、学得慢，也是 4 年毕业。刘道玉在武汉大学试行西方大学的学分制，允许学生结合自身学习状况选修学分，学习能力强的可以多修学分提前毕业，学习能力差的可缓修。学生除选修必修学分外，还可以根据自己的兴趣爱好、职业发展需求等，自主选择辅修专业。学分制首先在物理系和历史系进行试点，试点成效很快显现。学生学习的积极性、主动性被激发出来，学生兴趣广泛了、知识面也拓宽了。教师开设选修课程数量大大增加了，教师教学育人的积极性和责任感被调动起来了。

（二）插班生制

学分制改革的受益对象是在校大学生，刘道玉主政武汉大学时，还创设了插班生制度。插班生主要面向社会有识有志青年，插班生制度和学分制被誉为刘道玉改革的两大标志性成果。恢复高考后，高考成为学子进入大学学习的主要渠道，但也有一些有丰富实践经验、有一定实践成果的年轻人，因种种原因没有机会入学，仅仅靠一次高考定终身会埋没不少优秀人才。为给更多优秀的社会青年圆梦大学的机会，刘道玉创设了插班生制度，1985 年开始考试招生，当年，各系共招收插班生 92 人。武汉大学插班生制度也很成功，其不拘一格降人才的做法，为社会各界所津津乐道，插班生制度也为社会培养了不少作家、科学家、经济学家。

（三）转学制

1981 年，刘道玉在全国首创了转学制，允许学生根据学习兴趣转学，学生可以在系类各专业之间转换，可以在系与系之间转换，文科与理科之间可以转专业。转学制充分考虑到学生学习情况、人才成长规律等因素，给青年学生创造了更有利于成长成才的机会，学生称转学制是学习的解放运动，转学制也收获了社会各界的一致赞赏。

二、改革的主要成效

刘道玉主政武汉大学时，还在全国推出作家班、主辅修制、双学位制、导师制、贷学金制等一系列重大改革。他在任 8 年，武汉大学成为高等教育领域的一颗明珠，成为师生念兹在兹、心驰神往的地方。

（一）激发师生教书学习的积极性

主政武汉大学时，刘道玉提出"尊重学生的志趣"教育理念，并先后试行学分制、转学制等一系列改革，打破学生的学习枷锁，为学生创造了更多更自由的学习机会。允许学生不上课、允许自由选专业、允许跳级、允许留长头发、允许谈恋爱等，学生们学习非常有激情，当时，清华大学、中国科学技术大学、同济大学的学生都慕名前来武汉大学学习。北京大学等一些重点大学教师都纷纷申请调到武汉大学任教，自由宽松的学术氛围大大激发了教师教学和学生学习的积极性和创造性，刘道玉在任的 8 年间，武汉大学师生共获得 32 项具有国际水平的奖项。

（二）营造自由民主宽松的学术风气

武汉大学被誉为思想上的"解放区"，老师在课堂上教什么，学校从不干涉。刘道玉是第一个公开支持学生谈恋爱的校长。武汉大学成立了几百个学生社团，学校也不干涉学生社团活动。刘道玉的家门师生敲敲就开，随时欢迎师生一起探讨教学学术等问题，宽松自由的环境营造了学习学术自由的氛围，绽放了不少美丽的花朵，培养出了一大批优秀的学者和学生。

（三）提升武汉大学综合实力

刘道玉主政武汉大学 8 年，主推学分制、转学制、插班生制等改革举措，基本上每一项改革都取得了很大的成功，都为社会各界所津津乐道。当时的武汉大学是国内高校中思想最开放，学习氛围最民主、最浓郁的高校，武汉大学在收获社会赞誉的同时，也提升了自身的办学实力。刘道玉时代，武汉大学重回全国重点大学排名前十，这也是对刘道玉改革最好的诠释。

第二节　北京大学人事制度改革

　　2003 年，北京大学开始酝酿人事制度改革，北京大学此次人事制度改革引发社会广泛关注，国内其他高校、专家学者、媒体从业人员等都纷纷参与讨论，大家对北大的人事制度改革方案的总体印象是"激进""颠覆"，也因此，北大此次人事制度改革在校内引发激烈的"反抗"。其实，早在 20 年前，上海交通大学就着手推进包含人事制度改革在内的教育体制改革，北京大学此次改革方案还借鉴了南京大学、中国人民大学等学校的改革经验。严格来说，人事制度改革并非一个新鲜事物，北京大学也并非首吃螃蟹之校。但是，2003 年的北大人事制度改革在高等教育改革领域却是具有里程碑意义的事件，其对我国高等教育体制改革的重要意义不言而喻。本书从改革背景、改革历程、改革主要内容、改革成效等方面介绍北大此次人事制度改革。

一、改革的历史背景

（一）政府寄予厚望

　　从外部环境分析，北京大学人事制度改革主要压力来源于政府对北京大学创建世界一流大学的厚望。2003 年，北京大学成立 125 周年，也是在这一年，"985"一期工程率先在北京大学和清华大学实施，可见，北京大学被寄予厚望。为帮助北京大学创建世界一流大学，政府加大了对北京大学的财政支持，仅在 1999—2001 年间，国家财政就额外支持北京大学 18 亿元，此外，国家还给予北京大学很多的政策支持，也因此，北京大学肩负了全国人民创建世界一流大学的期望和责任，社会各界都希望北京大学早日建成世界一流大学，带动我国高等教育实力整体提升，增强在国际舞台上的竞争力。在这样一个宏大的社会背景下，北京大学亟需加大改革创新力度，激发推动事业发展的动力和活力。

（二）学生殷切期盼

学生的期待也是北京大学人事制度改革的一个重要的外部政策推动。时任北京大学校长许智宏坦言，担任校长期间，心情最沉重的就是，每年都会收到不少同学的来信，学生来信称部分教师上课水平不行，而北京大学的本科生都是千军万马挤独木桥的胜出者，都是万里挑一的佼佼者，在世界范围内都是最优秀的，他们当然有权享受国内最一流的高等教育。但是事实上，北京大学教师队伍整体水平不高，一些教授在国内都不是一流的，可能是二流的，甚至是三流的。学校认为："学校正教授中，一部分是优秀的，一部分基本满意，但也有相当一部分是不合格的，在不少院系，80% 的学术成就和学术声誉是由 20% 的优秀教员创造的。"[77] 没有一流的教师队伍，难以培养出一流的学生，从让学生接受良好教育的角度来看，北京大学也面临极大的改革压力。应该说，从社会外部政策推力来看，北京大学不改革不行、改革慢了也不行，北京大学人事制度改革是历史必然。

（三）大学革新愿望

从内部环境分析，北京大学人事制度改革动力主要源于领导班子的革新意愿。为推进北京大学创建世界一流大学，国家财政投入 18 亿元，每一个教师都增加了工资收入，而且是大幅度增加。也因此，北京大学领导班子感觉压力很大，因为社会上出现了对北京大学发展未达预期目标的批评，"北大教师质量的提高速度和科研水平远远赶不上国家对北大的支持速度和北大教师的工资增长速度，还有些人提出把用于北大、清华'985'计划的经费转投农村普及教育的建议"[78]。北京大学领导班子坦言:"我们可以说教育是百年树人的事业,不能要求投资立竿见影,但10年后我们还能说这样的话吗?"[79] 更为关键的是,如果北京大学辜负了国家的厚望和全国人民的希望,没有把钱花在刀刃上,那么北京大学还能不能得到政府的信赖和长期持久的支持?或者说,如果没有取得实实在在的业绩,政府还是否愿意继续给北京大学支持,或者给予北京大学如此大力度的支持?

(四)重大历史机遇

北京大学人事制度改革之前,正好赶上了一个退休高峰,空出了一大批高级职称岗位。退休高峰为北京大学人事制度改革创造了难得的历史机遇。北京大学领导班子也希望借此机会,推行人事制度改革,引进一批享誉世界的一流师资,同时,倒逼校内教师快马加鞭、积极行动,快速提升自身教学水平和科研能力,并希望通过人事制度改革,提升师资队伍整体水平,进而带动学校综合实力提升,早日实现建成世界一流大学的目标任务。应该说,北京大学的领导班子意识超前,敏锐地把握住了北京大学发展的机遇和可能遇到的挑战,因此,从把握历史机遇角度和改革求发展的角度来看,北京大学改革势在必行。

二、改革历程和主要内容

2003年1月底,北京大学召开校领导班子寒假工作会议,会议决定启动人事制度改革。会后,北京大学成立了人事制度改革领导小组,校长许智宏任组长。成立人事改革工作小组,校长助理张维迎任组长,负责改革方案的起草。同年5月12日,北京大学公布下发《教师聘任和职务晋升制度改革方案(征求意见稿)》(以下简称《征求意见稿》)。

《征求意见稿》包括导言、基本原则、实施意见,共计47条。此次改革面向全校教职员工公开征求意见,引起教职员工的强烈不满,部分中青年教师、文科教授对改革方案大肆批评,他们在接受媒体采访时表示:"改革者对北大各专业具体状况缺乏最基本的调查和了解，对人文社会科学的内在特性和工作机理缺乏充分的体认。"[80]

教职员工的激烈反对是北京大学管理层始料不及的，他们一方面对《征求意见稿》进行解释，另一方面悉心听取教职员工的意见，对《征求意见稿》进行修改。

2003 年 6 月 16 日，北京大学公布《教师聘任和职务晋升制度改革方案（第二次征求意见稿）》，即第二稿。在改革内容上，第二稿坚持了第一稿的改革原则，但对改革方案的内容作了调整，具体而言，方案内容共有 15 处较大调整。第二稿公布后，北京大学加大宣传攻势，向社会各界系统解释改革方案。党委书记还主动约见新华社、《人民日报》等新闻媒体记者，介绍或阐释改革背景、目标等。校长发布《致北大各院系所中心的信》，意在争取广大教师对改革方案的支持。校长助理张维迎发表《关于北大改革方案的说明》，就改革方案的原则、具体规定等作出说明。但是，学校领导层的宣传解释并没有得到广大教师和社会各界的认同，对改革的批评反而越来越多。

2003 年 9—10 月间，北京大学公布《关于教师聘任和职务晋升的若干规定（暂行）》，即第三稿，第三稿公布后，学校一改第二稿多方宣传解释的做法，很少解释、宣传第三稿，而且未对外公布第三稿全文。学校直接将第三稿下发至各院系，要求结合自身情况制定实施意见。

2004 年 2 月 10 日，北京大学第二次党政联席会审议通过了《北京大学教师聘任和职务晋升（暂行）规定》，即人事改革正式方案，正式方案坚持了改革的基本原则与方向，但在具体改革内容方面作出让步，使整个改革方案更加"温和"，如取消晋升教授必须具备博士学位的规定，适当延长了现任教师的聘期等。

2004 年 6 月，北京大学面向海内外公开招聘教授，并按照《北京大学教师聘任和职务晋升（暂行）规定》中载明的任职资格、招聘程序与要求等开展招聘工作，标志着北京大学人事制度改革方案在社会的广泛关注下平稳落地。

三、改革成效

北京大学人事制度改革一波三折，改革方案最终在多方利益主体的博弈下走向妥协，虽说在具体制度设计上看不再那么激进，没有达到学校领导班子所期望的预期目标，但是，北京大学人事制度改革瞄准了方向、抓住了关键。改革方案在改革目的、基本原则等框架设计上并没有大的变化，只是在具体实施路径上有一定的缓和，应该说，北大人事制度改革取得了一定成效。一是逐步健全竞争机制和激励机制。打破长期以来事业单位人员形成的"铁饭碗"意识，增强了北京大学教职工的忧患意识，激发教师工作的积极性、主动性，倒逼教职工要潜心教学、精进学术，不然可能面临被淘汰出局的境地。二是提升了教师队伍整体水平。北京大学通过推行教职工聘任制，精简部分教职员工，淘汰了冗员。面向社会招聘了大量杰出人才，补充了新鲜力量。应该说，北京大学人事制度改革建立了契合教育发展规律、充满生机活力的用人机制，为北京大学建设世界一流大学奠定了坚实的基础。

第三节　上海交通大学校院

二级管理体制改革

一、改革背景

学院是办学治校的主体，是学校职能的具体组织实施单位，学校的人才培养、科学研究、社会服务、文化传承创新、国际交流合作等职能的实现都需要学院来具体落实。20世纪以来，随着高等教育大众化政策以及大学合并等诸多因素的影响，大学办学规模急剧扩张，例如郑州大学一届本科生招生超过10000人，显然，仍然沿用学校统一管理的宽度和难度在加大，校院两级管理体制改革势在必行。随着国内大学越来越广泛地参与到国际交流合作及竞争中，国内大学那种封闭、舒适的环境、氛围被逐渐打破，来自国内外的学术竞争和资源竞争日益加剧。因此，无论是从学校管理、资源配置，还是从参与国内外竞争的角度来看，都要充分激发学院的主动性、积极性，以学院为主体，带动学校整体实力的提升。改革开放之初，上海交通大学就从人事、分配制度入手，着力推进校内管理体制改革。2000年，上海交通大学着手推进和深化"院为实体"改革。2015年，上海交通大学在以往校内管理体制改革的基础上再出发、再发力。

二、改革的主要内容

2015 年，上海交通大学开始推行以协议授权为代表的校院两级管理体制改革，此次改革主要包含三方面内容。

（一）梳理权责清单

上海交通大学此轮校院二级管理体制改革选择以梳理权责清单为突破口。2015 年，按照学校统一安排部署，职能部门开始自上而下梳理权责清单，权责清单涉及学校工作的方方面面，包含人才培养、科学研究、学科建设、师资队伍建设、国际交流合作、社会服务、财务资产管理等重要工作，也包括招生就业、招投标管理等关键领域，可谓横到边、纵到底。在梳理权责清单的基础上进行归类整理：一是改革前学院（系）已经享有的权责；二是暂时还不宜下放给院系的权责；三是当前可以下放也可以不下放给院系的权责。通过梳理权责清单，一方面，让全校上下十分清晰地知晓学校有哪些权责、学院有哪些权责，哪些权责可以下放、哪些权责不宜下放或暂缓下放等；另一方面，权责清单也是职能部门、二级学院日常管理的权力依据，划定了二者之间的楚河汉界。

（二）学校与学院协商中长期发展目标

上海交通大学将协议授权与"十三五"事业发展规划结合起来，通过签订协议的方式明确二级学院"十三五"期间以及中长期在党建和思想政治工作、人才培养、学科建设、科学研究、师资队伍建设、社会服务、国际交流合作等方面应该达致的目标。在制定目标任务时，学校发展规划部门认真分析了各学院发展基础、发展形势、发展意愿等因素，将学校创建一流大学的目标任务分为核心指标、指定指标和自选指标三类。核心指标紧紧围绕学校建设世界一流大学的目标，设置事业发展核心指标，并将核心指标细化到学院、学系、学科组织等。核心指标是硬性指标，充分体现了全校一盘棋，所有学院都要不打折扣地完成，不得找学院发展基础、发展阶段、特点特色差异等借口。指定指标是学校根据学院个性化发展或发展短板所设定的个性化指标。一方面是为了充分发挥特色，走差异化发展道路，蹚出一条新路；另一方面，是为了弥补短板，防止学科、学院发生失衡。自选指标是学院立足自身办学实际、办学定位、办学特色、发展优势以及"十三五"和中长期发展重点等，自主提出的建设目标，充分体现了学院的主动性、积极性。

（三）学校与学院签署《政策授权协议》

学校根据学院发展实际状况，在可以下放与也可以不下放的权责清单中，综合考虑下放一部分权责给学院，同时，学院根据上述清单，可以向学校申请承接一部分权责，学校与学院之间就放权和接权达成一致，签署《政策授权协议》，明确学院权责，同时，制定《政策授权协议》实施细则，保障《政策授权协议》落地落实。学院在获得学校放权后，要充分用好学校下放的权力，围绕核心指标、指定指标、自选指标等开展工作、完成任务。

三、主要的配套措施

（一）院系综合预算

校院二级管理体制改革之前，学校财权集中在财务处，二级学院被下放了很多事权，但是，财权并没有一起配置上，财权和事权不匹配，二级学院怨声载道，学校发展形势也不容乐观。为配合校院二级管理体制改革，上海交通大学推行院系综合预算，将集中在学校财务处的发展资金配置权下放给学院，即学校将人才培养经费、学科建设经费、师资队伍建设经费等统一打包给学院，并取消对各种经费使用的限制，实现了打酱油的钱可以买醋，同时，扩大了学院自筹经费的自主使用权和使用比例。学院掌握财权后，切身体会到当家才知柴米贵的滋味，学院将自身事业发展与获得的财力相匹配，量入为出、事前控制。院系综合预算极大地调动了院系的积极性，院系可以将财力投入到优势特色学科发展上，投入到优秀人才引育上，投入到拔尖人才培养上，而不是像过去那样广撒胡椒面，失去了特色和优势。此外，还可以抑制学院争夺资源的恶性竞争。在校院二级管理体制改革之前，由于财权在上，学院往往为了获得更多的财权、更多的办学资源，变相向学校争夺资源，学校疲于应付。

（二）院系内部管理制度

学校下放事权和财权，为的是激励院系活力，提升院系发展水平，但是，财权和事权下放后，会不会陷入"一收就死、一放就乱"的怪圈，能不能起到放权的预期效果，学院在自主办学、自主管理过程中会不会依法依规，普通教职员工的合法权益能否得到保障，这些都是改革必须面对的问题。为此，在放权的同时，学校要求学院加强内部管理制度建设，所有学院都要建立健全党政联席会制度、"三重一大"制度等，学院要结合自身发展实际，制定人才培养、学科建设等办学制度，要完善院长、书记等管理部门的职责，通过完善内部管理制度，规范学院接好权、用好权。

四、改革主要成效

校院二级管理改革实施后，学校发展面貌焕然一新。一是学院发展的内在动力更足了。学院有权根据自身发展实际，自主确定发展路径，办学与发展的主人翁意识增强，能够主动根据学校整体发展战略谋划学院相关工作，同时，能够结合自身办学特色或优势，创造性地开展工作。二是学校与学院的零和博弈现象消失了。此前改革很容易陷入零和博弈，学院基于自身发展需求，往往诉求得到更多的资源配置权，而学校职能部门则希望把握学校宏观调控的政策和资源，因此，二者博弈成为常态，最终使学校各项改革举措得不到落实，甚至还拖累了学校的事业发展。三是学校事业发展的支撑更强了。在校院二级管理体制改革前，学校大权在握，是发展的领头雁，学院围着学校转，改革后，每个二级学院都是领头羊。上海交通大学党委书记曾形象地指出，改革之前，是一个火车头，改革之后，是几十个火车头。此外，学院相互之间还暗自较劲，悄悄地、积极地发力，学校发展平添了很多火车头，发展动力更足了。

第四节 浙江财经大学权责清单制度探索

一、改革背景

权责清单制度是依法治国战略下的产物，最早是用来规范行政机关依法行使行政权力的，最初在一些地方政府进行试点，后来在全国铺开。2015 年，教育部提出，"建立教育行政权力清单和责任清单制度"[81]。2016 年，浙江省教育体制改革领导小组办公室印发《推进实施教育管办评分离综合改革试点工作方案的通知》（以下简称《通知》），《通知》明确要求，浙江省属高校要制定权责清单，厘清各利益相关主体之间的权限和职责。为贯彻落实教育部和浙江省教育"管办评""放管服"等改革文件精神，同时，为了进一步深入推进学校综合改革，形成更加和谐有序的学校与政府及社会、学校与学院、党委与行政、行政与学术之间的关系，推进学校治理体系和治理能力现代化，浙江财经大学开始探索权责清单制度。

二、改革主要内容

（一）权责清单制度的主要目标

权责清单制度坚持"法无授权不可为，法定职责必须为"这一行政法治原则，寄希望于通过厘清校内各单位的权限、职责边界，保障校内单位依法规范行使权力、履行职责，推进内部治理现代化。具体而言，在横向权力行使方面，希望通过权责清单进一步厘清行政权力与学术权力的边界，为二者在各自权限范围内行使权力、履行职责提供清单指南。在纵向权力行使方面，希望通过权责清单进一步明晰学校与学院之间的权责边界，进一步规范学校与学院二级管理，提升校院二级管理水平和能力。

（二）权责清单制度的基本依据

严格遵循"法无授权不可为，法定职责必须为"，学校和学院的每一项职权、职责都必须有明确的法律依据，在校内还要有以章程为核心的现代大学制度的依据。据此，浙江财经大学在编制权责清单制度之前，组织力量对学校规范性文件进行系统全面的清理，对于于法无据或者已不适应学校办学治校、教育教学之需的，立即废止，文件废止后，不得再作为内部管理的依据或参考。同时，根据办学治校、教育教学之需，对需要修改的制度予以修改完善，无须修改的则继续保持，在此基础上编制现行有效的制度清单。在摸清制度家底的基础上，要求各部门依据学校现行有效的制度清单，理清学校和学院各自的权限、职责。权责清单编制完成后在校园网公示，公开征求广大教职员工的意见建议。公示结束后，成为学校和学院行使职权、履行职责的依据。

（三）权责清单制度的主要内容

学校职能部门权限清单主要厘清依据章程和制度规范可以行使的相关职权。职责清单主要厘清依据章程和制度规范必须履行的工作职责。学院权限清单主要厘清学院依据章程和制度规范可以自主行使的办学治校权力。学院职责清单主要厘清学院依据章程和制度规范应该履行的职责。职能部门权责清单和学院权责清单并非泾渭分明，以教师专业技术职务和岗位评聘为例，学院的权限清单和职责清单主要包括正高级职称的推荐权、副高及以下职称评审和考核权等，同时，学院要制定正高级职称推荐办法，以及副高级及以下职称评审标准和办法，并将评审标准和办法报送人事处，人事处将之纳入部门备案事项清单。还应将学院自主评审结果纳入人事处的事中事后监督检查事项清单。

三、改革主要成效

（一）推动学校规范放权管权和学院依规接权用权

教育"管办评""放管服"改革是放权＋监管＋服务三结合，不是简单的放权，也不是什么权力都可以下放，更不是一放了之。因此，一方面，权责清单要做到放权放得有依据，即对外有法律、行政法规等依据，对内有大学章程和规范性文件的依据，这样权力放下去才能推动工作。另一方面，权责清单有利于规范用权。权责清单实施之前，学校很多职能部门不知道自己有哪些权力、如何行使这些权力、需要履行什么样的程序，等等。权责清单制度推行后，职能部门和学院各自享有哪些权力，清清楚楚、明明白白，二者之间不再存在交叉重叠，不再发生推诿扯皮。此外，职能部门和学院行使各自权力时，按照清单划定的程序、流程，权力行使整个过程规范有序。职能部门不再事无巨细地对学院实行微观管理，而主要通过事中事后监管的方式，监督学院正确履职。学院则按照权限清单，自主安排教育教学、人才培养、科学研究等各项事务，这样校院二级在很大程度上缓和了之前紧绷的关系。

（二）推动行政权力与学术权力由对立向协调、服务转变

行政权力与学术权力的二元关系，是高校治理体系和治理能力现代化的核心，二者关系协调，则善治就成为可能，二者关系不协调，则善治几无可能。因此，权力清单最明显的好处在于规范放权用权、规范管理，这更多的是从职能部门管理权力行使的角度来分析，如果从学院行使权力的角度来看，则会别有洞天。学院是学校的主要职能承担者，学校的人才培养、科学研究、社会服务、文化传承创新和国际交流合作五大基本职能的实现，必须依赖学院来组织实施、深入推进。学院在履职过程中，更多地

是发挥其基层学术组织的功能，即学院行使职权和履行职责多与学术相关，例如，学院坚持立德树人根本任务，开展创新型人才培养等工作，职能部门在将该项权力放权给学院，由学院具体组织实施的同时，还要给予配套的服务。从这个例子就可以看出，权责清单制度事实上有利于行政权力对学术权力的服务。

综上，浙江财经大学实施权责清单制度以来，学校党委和行政关系、行政权力和学术权力关系、学校与学院关系更加协调、更加和谐，有力地推进了学校治理体系和治理能力现代化。

第五节 "双一流"建设高校内部
管理体制改革探索

　　《总体方案》提出五大建设任务、五大改革任务,其中,完善大学内部治理是改革任务之一。通过选取部分"双一流"建设高校的建设方案为样本,分析部分"双一流"建设高校内部管理体制改革的最新进展。

一、优化内部组织机构设置

　　组织机构是内部管理体制改革的逻辑起点,如前所述,组织机构膨胀、管理效力低下导致我国高校内部治理效能低下,从部分一流大学"双一流"建设方案来看,部分高校通过调整组织机构设置,建立扁平化组织架构,减少管理幅度、层级等,提升内部治理效能和水平。复旦大学"双一流"建设方案提出,按照精简、高效原则,调整和规范校内二级单位设置。南京大学"双一流"建设方案提出,成立行政综合服务中心,简化办事程序,优化学校机构设置和职能配置,等等。在学院层面,部分"双一流"建设高校着手院系大调整。2020年,中国科学院大学组建了文学院、哲学院等12个科教融合学院;2022年又对文学院、哲学院等6大学院进行命名重组,初步完成学科整合。2019年,华东师范大学组建信息学部,旨在促进学科交叉平台建设,推进新工科发展。对院系进行大调整的还有重庆大学、西安电子科技大学等。部分"双一流"建设高校着力基层学术组织建设,北京大学、清华大学搭建扁平化的学科组织结构，探索课题组长制（PI 制）和跨学科机制。可见，优化组织机构设置是"双一流"建设高校提升内部治理效能的共同举措，不同的是，各个高校关注的焦点和采取的举措存在差别。

二、持续推进治理重心下移

优化组织机构设置，精简校部机关，调整院系和学术组织，一个很重要的目的就是配合学校治理重心下移，即权力逐渐从学校到学院再到学系及基层学科组织。复旦大学"双一流"建设方案指出，推进权力下放，增强学院办学活力，进一步扩大院系管理自主权；浙江大学"双一流"建设方案指出，探索院系自我发展、自我管理、自我约束的多样化治理模式；哈尔滨工业大学"双一流"建设方案指出，理顺学校与学院二者关系，强化学院主体地位和二级职能部门的服务职能。从"双一流"建设高校建设方案来看，推进管理权力重心下移是大势所趋，改革后，校部机关主要负责学校事业发展规划拟定、现代大学制度健全、资源配置和监督检查等；院系成为办学治校的主体力量，具体承担教育教学、科学研究、学科专业建设、社会服务、文化传承创新、国际交流合作以及综合管理等多方面的职能。通过权力配置重心下移，赋予学院办学治校的主体地位，赋予学院更多的人财物自主配置的权力，激励每个学院都能成为学校发展的领头雁，带动学校整体发展、跨越提升。

三、持续强化学术治理

大学本质上是学术组织，学术性是大学的根本属性。"双一流"建设高校均高度重视发展学术、提升学术治理能力。主要做法：一是健全学术机构。北京大学"双一流"建设方案指出，加强学术委员会以及学科建设委员会、教学指导委员会等专业委员会建设。二是赋权明责，压实学术委员会等学术组织的责任，更好地推动学术发展。清华大学"双一流"建设方案提出，发挥学校、学院学术委员会在学科发展规划、学术研究计划等学术事务中的决策、审议、评定和咨询作用。可见，"双一流"建设高校都高度重视学术治理在一流大学和一流学科建设中的重要作用，纷纷通过横向的功能分化和纵向的层次分权，促使学校与学院、学术委员会、学位评定委员会、教学指导委员会等学术组织的权责更加明晰，由各学科专业的学术组织和学术能人带动学校学术发展，进而为争创一流奠定坚实的基础。

四、加强事中事后监管

"双一流"建设高校建设方案与教育"放管服"改革精神一脉相承，既强调管理重心下移，向基层放权，调动一线发展的积极性，推动从"要我发展"向"我要发展"转变，也强调放权并不意味着放任不管，要更加做好放权后的事中事后监管。从部分"双一流"建设高校建设方案观之，在放权后加强监管方面，主要有三种方式：一是自觉接受社会监督。中国科学技术大学"双一流"建设方案提出，主动接受政府、社会和广大师生的监督。二是学校放权后对学院的评估检查。浙江大学建设方案提出深化目标考核责任制，强化学院以办学绩效求支持的办学理念，对放权后没有达到预期效果，甚至没有达到放权前的办学水平的，要严肃问责。三是发挥师生民主监督。西安交通大学建设方案提出，进一步扩大师生员工的知情权、参与权，发挥师生在内部治理中的主体作用。

第六节 "双一流"建设高校教育评价改革探索

教育评价是"风向标""指挥棒"。2020年，中共中央、国务院印发《深化新时代教育评价改革总体方案》，主要从学校评价、教师评价和学生评价等方面作明确规定。《评价改革总体方案》剑指"破五唯"，为新时代教育评价改革指明了方向，有利于激活大学内部治理。从教育部官网上关于高等学校教育评价改革的报道观之，目前，高校在教育评价改革创新方面主要有以下几点做法。

一、深化教师评价制度改革

持续加强师德师风建设，将师德师风作为教师评价的第一标准，在教师选聘、导师遴选、职称评聘等方面实行一票否决。西安交通大学强化正面引导，加强"全国高校黄大年式教师团队"的建设，营造尊师重教的文化氛围。合肥工业大学制定《师德失范行为处理办法》，依法严惩师德失范行为。湖南大学出台本科生、研究生《教学工作量计算办法》，强化课堂教学课时和教学质量的考核，在校内绩效津贴分配中，明确规定教育教学业绩不低于50%。北京师范大学改革教师科研评价办法，坚持分类评价，对于基础研究领域、应用基础研究领域，分别考核其学术创新引领、成果转化的社会价值等。

二、深化学生评价制度改革

西安交通大学坚持五育并举，完善学生综合素质评价，智育评价强调竞争性，德育和体育评价强调达标性，劳育和美育评价强调引导性。北京师范大学修订《本科生综合考评办法》，以引导学生全面发展为导向，完善德育、智育、体育评价，增加美育评价和劳动教育评价，全方位全过程考核学生德智体美劳全面发展状况。同时，加强研究生学习过程评价，制定《课程考核管理办法》《学生创新奖励暂行办法》等，加强研究生全过程考核评价。湖南大学加强学位论文抽检，实现研究生学位论文抽查全覆盖，并将抽检结果纳入导师资格遴选、招生资格审查以及院系年终考评。合肥工业大学坚守为党育人、为国育才的初心使命，落实立德树人根本任务，积极打造第二课堂成绩单制度，将第二课堂成绩单作为本科学生毕业的必要标准，第二课堂成绩单不达标的不予毕业，并且将修满第二课堂成绩单所需学分作为毕业标准写入大学章程。同时，创新研究生思想政治工作内容和方法，强化导师的思想政治教育功能，建设好研究生思想政治理论课和文化育人平台，引导广大研究生与党同心、与时代同步、与人民同行。强化导师的导学、导研的树人能力，导师要做到言传身教，实现为学和为人的统一。深化研究生培养模式改革，以提升质量为目标，印发《研究生培养过程管理办法》，让轻松考上工大研究生成为历史，混日子通过研究生毕业论文答辩、拿到毕业证书成为历史。

应该说，"双一流"建设高校通过深化新时代教育评价改革，完善教师和学生评价制度，优化了内部管理体制机制，有力地推进了内部治理体系和治理能力现代化。

第 八 章

大学外部治理推进"双一流"
建设的逻辑与路径

《关于高等学校加快"双一流"建设的指导意见》进一步明确了建设高校的责任主体、建设主体、受益主体地位，可见，高校是新一轮"双一流"建设的主力军。但是在现阶段，离开政府的统筹推进、宏观政策以及财政经费的大力支持，单独依赖高校自身力量是难以完成"双一流"建设的宏观目标的，因此，新时期，要大力推进大学外部治理现代化，构建政府与大学之间的新型关系，共同深入推进新一轮"双一流"建设。

第一节　大学外部治理现代化的重要意义

一、有利于提升大学自主办学活力和能力

长期以来，政府与大学处于管理与被管理的关系，计划经济时代，大学是名副其实的事业单位，从教育性质、办学方向到学生招生、专业设置，从日常教育教学、科学研究工作到人事、财务日常管理活动等，都要接受政府的直接管理。改革开放后，政府推进多轮下放大学办学自主权的改革，从"放权"一词也可以看出，"办教育权"一直掌握在政府手中，高校是从政府放权中接收部分办教育的权利。时至今日，政府管理教育、管理大学的方式方法得到进一步优化，但是，政府与大学之间管理与被管理的关系并未发生根本改变。大学的办学治校和教育教学管理活动仍被政府"安排得明明白白、妥妥当当"，高校更多的是贯彻执行政府的指示精神，并没有太多属于自己的空间。久而久之，大学也习惯于执行上级指令，按部就班地按照上级安排开展教学科研活动。但是，这样一种状态不利于大学担负为党育人、为国育才的初心和使命，不利于深入推进新一轮"双一流"建设，因此，必须适时优化大学外部治理机制，建立新型的政府与大学之间的关系。

优化大学外部治理机制，建立新型府学关系，必须厘清政府的角色和职能以及大学的角色和职能。"双一流"建设背景下，政府管教育管的是教育的性质、使命等宏观事项，例如在人才培养方面，政府管的是人才培养方向和目标，即高校"培养什么样的人、为谁培养人、怎样培养人"，高

校要大力培养德智体美劳全面发展的建设者和接班人,为经济社会发展输送一批又一批骨干和中流砥柱。具体如何开展人才培养、教育教学应该交给高校,高校在坚持社会主义办学方向、落实立德树人根本任务的前提下,可以结合学校实际、办学定位、特色优势,自主设置人才培养方案、自主制定教学大纲、自主加强教材建设和开发、自主设定考核评价等,政府对微观的教育教学领域不应该插手。同样,在科学研究领域,政府应根据经济社会发展的实际状况,梳理"十四五"和中长期制约经济社会发展的"卡脖子"技术清单,引导高校服务国家战略需求,集中科研力量攻关,为国家经济社会发展提供技术支撑。高校应坚持服务国家战略需求的科研导向,拥有自主开展科研活动的权利,高校可以根据自身特色和优势,瞄准国家战略亟须的某些领域或某一研究方向,创新学校科研组织模式,健全科研管理体制机制,激励引导科研人员加强科研攻关。综上,"双一流"建设背景下,优化大学外部治理机制、建立新型的政府与大学关系,有利于政府和大学各司其职、各负其责。大学在摆脱政府的"紧箍咒"之后,可以甩开膀子自主开展教育教学活动,从而在日益激烈的高等教育竞争中,激发活力、提升能力,共同致力于"双一流"建设的目标任务早日达成。

二、有利于提升高等教育综合实力和国际竞争力

改革开放 40 多年来,我国高等教育从高考制度改革到高校扩大招生,从"211 工程""985 工程"再到"双一流"建设,其发展历程就是一部由小到大、由弱到强、砥砺奋进的自强之路,40 多年来,我国高等教育为国家培养了一批又一批德智体美劳全面发展的建设者和接班人,产出了一批又一批服务国家和区域发展战略、支撑国民经济社会发展的标志性成果,解决了一批又一批"卡脖子"技术,部分领域或方向已从跟跑、并跑到领跑。一言概之,40 多年来,高等教育事业发展成绩斐然、有目共睹,为国家和社会作出了巨大贡献。这其中有政府的巨大支持,有高校的巨大努力。当然,我们也要清醒地认识到,我国的顶尖大学,诸如清华大学、北

京大学等，与世界一流大学差距依然十分明显，我们一些国内顶尖大学培养的毕业生，纷纷离开祖国到美国留学，有人戏称，我们大学的本科人才培养成为美国人的预科班。国内的顶尖大学在原创性科技研发等方面与世界一流大学仍存在代际差距。"双一流"建设背景下，建设高校要优化大学外部治理机制，妥善处理好政府与大学之间的关系，立足实际、充分利用政府和学校合力，快速提升自身实力，带动提升高等教育综合实力和国际竞争力。

在我国，政府和大学是"双一流"建设以及高等教育综合实力提升的两大动力机制，即来自政府的外部驱动力，以及来自大学的内部驱动力，因此，政府与大学的关系对"双一流"建设以及提升高等教育综合实力至关重要。"双一流"建设高校要参与国际竞争，在国际舞台上与世界一流大学一决高下，需要政府的支持和服务，政府要为"双一流"建设营造良好的政策氛围、制度环境，政府要持续加大对"双一流"建设高校的资金支持。同时，转变政府办大学、管大学的观念，作好宏观政策设计，作好政策环境营造等，为大学参与国际竞争松绑减负。大学要充分发挥办学自主权，走一条差异化特色化的发展道路。例如山西大学在新一轮"双一流"建设中顺利入选，而且是唯一新增 2 个学科的新晋高校，其哲学学科、物理学学科顺利入选。在谈到山西大学的成功经验时，校长黄桂田谈到几点：政府层面，在教育部优化高等教育区域布局的大环境下，山西大学抢抓机遇，通过省部合建等方式，推动教育部、地方政府、对口合作高校和部省合建高校"四方联动"。此外，山西省实施高等教育"1331 工程"，省委省政府高位推动，从政策、资金等方面给予山西大学很好的支持，推动山西大学率先发展，良好的高等教育外部环境将山西大学高质量发展引入"快车道"。成绩的取得更主要依靠山西大学蹚出一条特色化道路，山西大学积极落实教育部、山西省委调整优化学科结构的要求，推动学科动态调整，设立学科特区，聚焦科学技术哲学、量子科技两个前沿领域，凝练学科方向，同时，统筹使用资源，集中力量打造"双一流"创建学科的核心竞争力，在特色化发展理念引导下，两个学科取得了一系列标志性成果，哲学学科获得第四届、第八届高等学校科学研究优秀成果奖一等奖，物理学科获得国家自然科学二等奖 2 项、国家技术发明二等奖 1 项。最终，凭借多年持续服务国家战略需求、持续聚焦学科优势方向的努力，山西大学最终入选新一轮"双一流"建设学科名单。山西大学的典型范例生动说明了优化大学外部治理机制，妥善处理好政府和大学的关系，有利于推进"双一流"建设目标任务的实现。

第二节 大学外部治理现代化的形势分析

一、"双一流"建设中政府与大学关系呈现共同治理趋势

新中国成立后，我国政府和大学之间的关系历经多次变革，经历从政府极端专制型、政府较强专制型到政府极强主导型、政府适度主导型的演变过程[82]，现又渐呈共同治理趋势。以《总体方案》为剖析视角，一方面，在"双一流"建设的遴选方案上，《总体方案》一改"211 工程""985 工程"由政府直接指定的惯常做法，将遴选权力授予"双一流"建设遴选专家委员会，专家遴选委员会由政府官员、专家学者、社会行业贤达等组成，专家遴选委员会综合各方因素确定遴选标准。首轮"双一流"建设遴选标准主要有 ESI 数量、国家科技三大奖、第四轮学科评估结果等；第二轮"双一流"建设遴选标准在首轮遴选标准的基础上，增加了教育部人文社会科学研究奖、国家社会科学基金重大项目等。被专家遴选委员会初步列入"双一流"拟建的高校，根据自身实际情况，结合专家遴选委员会的建议，自行确定一流学科建设方案，报教育部或其他主管部门审批，最终报国务院批准。

从"双一流"建设遴选来看，政府一改以往直接主导高等教育建设的路径，不仅组建专家遴选委员会，将遴选工作交由专家遴选委员会，而且也不直接干预"双一流"建设高校具体工作，如"双一流"建设方案如何编制、如何规划，具体建设路径如何开展等，都由建设高校自行确定。政府主要管"双一流"建设目标和任务，例如《总体方案》中分三步走的建

设目标规划，以及五大建设任务、五大改革任务等，引导"双一流"建设高校走一条特色化、个性化、差异化的发展道路。而"双一流"建设实践如何展开，各校有权结合实际，奋力蹚出一条中国特色世界一流大学建设路径。可见，"双一流"建设是政府和高校协同开展的高等教育提质工作，是政府和大学相互协作、共同治理的建设过程。

二、"双一流"建设中高校办学资金来源多元化

创建世界一流大学离不开大量的资金投入，各国在创建世界一流大学的过程中，都深刻认识到了政府资助在推动计划执行中的重要作用。如前文所述，在相当长的历史时期内，我国大学办学经费来源单一，主要依靠政府财政投入，财政经费占据大学办学经费的 80% 以上，这也是政府干预、插手大学内部事务的主要方式之一。《总体方案》提出，高校要拓宽筹资渠道，加强社会捐赠，扩大社会合作；《统筹推进世界一流大学和一流学科建设实施办法（暂行）》（以下简称《实施办法》暂行）指出，"双一流"建设高校要争取多方社会资源，形成多元支持的长效机制；《指导意见》强调，建设高校需要通过搭建政府、社会和高校的共建机制，形成多元化投入的高校筹资格局。根据网络披露的 2022 年中央部属高校财政预算拨款情况可知，2022 年，清华大学获得财政拨款 57.96 亿元，而其本年度预算总收入有 362.11 亿元，财政拨款占比下降 16.01%。北京大学本年度预算总收入为 219.29 亿元，财政拨款 51.72 元，财政拨款占比为 23.59%。华中师范大学本年度预算总收入为 34.94 亿元，财政拨款 17.46 亿元，财政拨款占比为 49.96%，这是此次信息披露中财政收入占比最高的学校，但从占比来看，还未占据半壁江山。这也充分说明了"双一流"建设高校认真贯彻落实《总体方案》等文件精神，主动拓宽筹资渠道，积极通过争取社会（募捐）和个人（捐赠）、大力开展产学研合作等方式筹集生存和发展所需的各种资源，减少对政府财政资源的依赖。

随着"双一流"建设高校筹资来源多元多样，政府财政拨款所占比例

逐年下降，政府通过财政拨款方式干预、插手大学事务难度越来越大。同时，由于社会力量积极加大在资金、资源等方面的支持力度，社会力量参与到世界一流学科和一流大学建设进程中便具备了必要性和合理性。事实上，社会力量已经越来越广泛地参与到"双一流"建设进程中，社会参与大学外部治理可以为长期以来政府与大学的二元关系注入一池清水，推动大学外部治理从政府与大学的相互关系转变到政府、社会、大学三元关系，可见，"双一流"建设高校办学资金来源多元、多样，为优化政府与大学关系、完善大学外部治理结构提供了良好的外部氛围。

第三节　大学外部治理现代化的内在逻辑

政府和大学是优化大学外部治理机制的两个重要主体，政府与大学关系涉及方方面面，妥善处理二者关系，是优化大学外部治理机制的关键。当前要抓好两个关键点：一是大学的组织特性；二是依法赋予大学独立法人地位。

一、政府应将大学作为学术组织和教育机构来治理

（一）我国近现代大学起源导致大学学术组织特性淡化

西方大学源于学者行会制度，在大学成立后相当长的历史时期内，大学远离尘世，潜心于学问、专注于研究。随着时代的发展变化，现代大学的角色、使命等发生重大变化，但对欧美大学而言，大学最本质的属性就是学术组织特性，大学也始终将自己作为学术组织，并借此来处理与政府、社会以及市场之间的关系，大学的职能和使命的变革也都是在学术组织特性基础上的适应性调整。

我国现代大学的起源与西方大学起源存在根本差异，我国历史上产生过与西方大学相类似的古代书院，但严格来说，我国近现代大学始于鸦片战争之后，鸦片战争的坚船利炮轰开了清政府的国门，"师夷长技以制夷"成为晚清的主流思想，清政府洋务运动兴办学堂，效仿西方国家建立近现代大学。从我国近现代大学的产生来看，清政府建立洋务学堂最根本的目

的是，寄希望于通过兴办现代教育，培养服务清政府封建统治的优秀人才，挽救风雨凋零的政权。可见，我国近现代大学是由国家建构产生的，自创立之初便承担着为民族振兴育人的历史使命，而西方大学产生之初，是学生基于研习学术之需，并没有承载如此厚重的历史责任。

新中国成立以后，我国效仿苏联建立起社会主义高等教育体系。苏联高等教育体系最大的特色就是大学要为国家经济社会发展培养实用人才。新中国成立初期，我国为早日改变濒临崩溃的国民经济，同样强调大学要培养为社会主义初级阶段服务的建设者。同时，由于这一时期特定的国内外政治环境，大学的政治使命、政治责任等被放大。改革开放后，高等教育领域也及时拨乱反正，在国家打开国门的同时，积极通过国际交流合作学习和引进西方高等教育发展的文明成果，大学的学术属性得到进一步彰显。党的十八大以来，习近平总书记站在中华民族伟大复兴的历史高度，从"培养什么样的人、如何培养人、为谁培养人"的角度，对高等教育作出一系列决策部署。因此，从我国大学的发展历程来看，新中国成立后，国家认识到大学的学术组织特性，特别是党的十八大以来，大学被赋予越来越多的办学治校、教育教学的自主权。

（二）后发赶超型发展路径诱发大学鲜明的行政组织特性

世界一流大学主要有成长路径和建设路径两种发展模式。成长路径主要指学科发展逻辑和动力来自大学内部对学术和真理的追求，经年累月形成的卓越研究能力和良好的学术声誉，例如哈佛大学等。建设路径主要指政府主导、自上而下的人为建构，高度依赖政府的政策支持、资源投入等，例如德国的"卓越计划"、日本的"全球顶尖大学计划"等。我国是高等教育后发国家，也只能选择建设路径以实现弯道超车。20 世纪 90 年代以来，我国先后实施了"211 工程""985 工程"等专项工程，整体带动我国高等教育发展。2015 年，《总体方案》印发。2017 年，《实施办法（暂行）》印发。同年 9 月，首轮"双一流"建设名单公布，137 所高校、465 个学科入选。各省（市）在国家政策的示范和推动下，先后出台建设政策、加大资金投入，统筹推进省域"双一流"建设。可见，作为后发赶超型发展路径，我国高等教育的目标使命更多强调的是教育为国家经济社会发展培养一批又一批建设者和接班人，为国家经济社会发展突破一批"卡脖子"技术。在具体发展路径上，强调政府主导下的强力推动，无论是"211工程""985工程"抑或是现在的"双一流"建设，都是在政府主导下推进的，政府在项目实施过程中所起的作用远大于大学自身。政府由于目标使命的压力以及行政化工作思维的局限，更多的是将大学作为行政组织而非学术组织来治理，经年累月，大学学术组织的特性越来越淡化，大学的行政组织特性越来越彰显。

当前，在全国上下齐心协力深入推进"双一流"建设的关键阶段，为确保"双一流"建设目标任务早日实现，要处理好政府和大学之间的关系，这是大学外部治理的关键所在。政府与大学关系转变的逻辑起点是改变将大学作为行政组织的界定，杜绝将大学作为政府管理的一个单位或部门，而应该重视和确立大学的学术组织特性，将大学作为一个学术组织和教育机构来治理。在此基础上，重构政府和大学之间的关系，并根据学术组织和教育机构的组织特性来构建大学治理体系，为"双一流"建设提供坚强的治理保障。

二、政府应把大学作为依法自主办学的法人主体来治理

自20世纪90年代以来，我国逐步通过政策、法律等形式正式确立了大学的法人主体地位。1992年，原国家教委印发《关于直属高校内部管理体制改革的若干意见》提出"国家教育直属高校具有法人地位"；同年，《关于国家教委直属高等学校深化改革，扩大办学自主权的若干意见》再次强调："要逐步确立高等学校的法人地位"；1993年，《中国教育改革和发展纲要》首次提出，要通过立法，明确高校权利和义务，使高校真正成为面向社会自主办学的法人实体；《教育法》规定，"学校依法享有民事权利，承担民事责任"；《高等教育法》规定，"高等学校自批准设置之日起取得

法人资格"。可见，无论是从政府的政策角度，还是从国家的法律规定视角观之，大学都是一个具有独立地位的法人实体，政府与大学长期处于管理与被管理的状态，部分地区政府甚至将大学作为其内设机构或职能部门加以管理，用行政化方式办大学。

改革开放以来，教育体制机制改革始终围绕一条主线，即政府放权-落实和扩大高校办学自主权。自1979年，苏步青等4位上海高校负责人向政府呼吁"给高等学校一点自主权"以来，政府开展了多次下放高校办学自主权的改革，但事实上，放权改革效果并不好，一方面，大学自主权陷入一放就乱、一收就死的恶性循环，大学已经习惯于按照政府的指令开展教育教学活动，习惯于在相对固定的模式和体制下发展，政府放权让利后，大学往往茫然不知所措。另一方面，各种滥用职责的现象不断发生，放权不但未能促进教育事业发展，反而滋生了众多问题，于是政府从高等教育全局出发，又开始收权，但是收权后，高等教育发展活力不足，于是又开始放权的制度设计，这已成为困扰下放大学办学自主权40多年的改革的深层问题和逻辑悖论。

构建政府与大学的新型关系，推进大学外部治理体系和治理能力现代化，首要前提就是政府将大学作为依法自主办学的法人实体。大学法人实体地位真正确立后，政府与大学之间行政上下级的关系才能得到根本改观。大学法人实体地位确立后，从法律的源头就将政府和大学的权限、职责分清楚了，不再会存在权责交叉、重叠、推诿扯皮的现象。政府作为大学举办者、财政经费投入者以及高等教育宏观管理者，当然有权对高等教育进行治理。政府应做好高等教育整体发展的宏观指导和规划，例如制定出台"双一流"建设总体方案、实施办法、建设绩效评价办法等。改变高等教育治理范式，注重运用法治的手段治理学校，加强事中事后的评估监管以及问责，进而引导高等教育延续宏观规划目标行稳致远。大学也要转变被管理者地位，摒弃"等靠要"思想，真正成为独立法人主体，真正成为办学治校的主体，大学在法律法规授权的职权范围内，自主开展教育教学、办学治校等各项管理和学术事务活动。当然，大学仍然要接受政府的依法监管，按照政府要求自觉参与中期和期末的评估、考核等，但是政府治理大学均需有明确的法律依据，必须恪守"法无授权不可为，法定职责必须为"，唯如此，政府与大学新型关系确立有期，政府和大学才能发挥各自优势，实现优势互补、相互协调配套，从而共同推进大学外部治理体系和治理能力现代化[83]。

第四节　外部治理推进"双一流"建设的实践路径

　　政府与大学关系问题是大学外部治理的焦点，根据文献统计，西方关于大学治理的研究主要围绕外部治理展开，即主要研究政府与大学之间的关系问题。经梳理，西方国家处理政府与大学关系主要有两种思路：一是把政府拉进来，即在大学外部治理过程中，正视政府的角色，注重发挥政府的作用，将政府作为外部治理的重要组成部分拉进来，实现共同治理。二是将政府挡出去。当前，我国优化大学外部治理机制，绕不开政府和大学关系这一问题，既要发挥政府在"双一流"建设中的重要作用，接受政府对大学的宏观管理，又要确立大学独立法人地位，大学依据法律授权享有办学自主权，有权按照人才培养和学术研究的规律，开展教育教学和科学研究活动。同时，注重发挥社会力量参与办学的作用，健全社会组织、社会公众参与大学外部治理的机制。

一、转变政府角色和职能

　　政府与大学的关系，是高等教育改革的核心问题。长期以来，在计划经济体制下形成了政府高度集中的高等教育管理体制，政府和大学之间的关系是单向度的，集中表现为政府对大学教育教学、科学研究等办学治理活动的直接干预。然而，在社会开放多元发展的今天，在民主法治等观念深入人心的今天，在推进治理体系和治理能力现代化的政策背景下，"重新定位大学与政府的关系就显得十分重要，即要将大学与政府间的行政关系、管理关系、不对等关系，及时转变为法律关系、治理关系、平等关系，以实现政府控制与大学自治之间的平衡"[84]。转变政府角色和职能需要做到以下几个转变。

一是转变政府的角色关键要转变思想。现代大学已远非成立之初的象牙塔，越来越走进社会舞台中央，大学对一个国家的政治、经济、社会发展具有重要作用，政府需要大学，因此，也需要对大学进行治理。但是，我们要思考一个问题，即新时代、新形势下，政府对大学进行治理的目的是什么。放眼全球，任何一个国家都希望大学能够成为世界一流，能够服务国家和区域战略，成为经济社会发展的重要支撑力量，但是，实践已经证明，并将再次证明，过多或过严的管理和控制并不能带来世界一流，反而会限制大学办学活力和内生发展动力，在强势、强大的政府面前，大学难以有所作为。因此，政府要与时俱进、转变观念，将大学作为一个具有法人地位的办学实体，要正确认识到，政府和大学都是依据法律规定履行办好人民满意的教育的职责，唯如此，政府与大学之间的关系才可能保持正确的航向。

二是转变政府的职能定位。政府应该从"划桨者"转变为"掌舵者"，政府对大学事务的管理应以宏观管理为主，而不是对大学事无巨细地进行"父母"操办式的管理。政府只需关注大学发展的宏观性、战略性、前瞻性问题，"政府干预限于公共领域内的大学外部事务，止于教育自由，止于大学自治，止于学术自由等"[85]。政府应切实赋予高校人才培养、科学研究、学科专业设置、教学科研评价等方面的办学自主权，通过转变政府的职能定位，进一步优化政府治理教育的职能，为优化大学外部治理体系夯实基础。

二、推动政府采用权责清单方式治理大学

大学去行政化被认为是妥善处理政府与大学关系的良药，但是，这并

不契合大学外部治理的逻辑。人们常常提起的去行政化只是反对政府通过行政管理的方式来管大学，因为大学和行政机关不一样，大学的学术组织属性是大学的根本属性，因此，采取惯常的行政管理方式对大学限制太多，不利于大学自主发展。但是，大学外部治理并不是排斥和否定政府的行政力量，而是主张政府应以恰当的方式对大学实施治理，大学应以恰当的方式回应政府的关切，在政府与大学的互动中不断引领大学向前发展。

"清单管理遵循权力法定的基本原则，严格界定政府教育行政管理权力的内容和限度，清单管理包括列举出政府在大学管理中的权力清单、负面清单和责任清单。"[86]顾名思义，权力清单就是将政府依据法律规定对大学享有的规划、管控、审批等权力，通过清单的方式列举出来，让政府、大学以及社会公众清清楚楚、明明白白地知晓，政府依法享有哪些权力。权力清单从正面来说，是政府行使权力的依据，从反面来说，也是限制政府管理的依据，政府在行使行政管理权力时，必须遵循"法无授权不可为"的原则。负面清单就是画地为牢，为政府公权力的行使划定界限，旗帜鲜明地告诉政府，不该管的不能管，更不能抑制不住权力的欲望，擅自新设权力清单之外的事项。责任清单则是强调权责对等，只有权力清单和负面清单，难以保证政府和大学主动履权、积极作为。"责任清单一方面要明确指出与权力对等、相适应的教育行政权力的责任范围，即必须干什么，另一方面也要指出一旦不作为、乱作为所要承担的相应责任。"[87]政府通过清单方式治理大学，有助于妥善处理政府与大学之间的关系，引导政府依法行使权力，大学依法自主办学，共同助推"双一流"建设。

三、健全社会组织参与大学治理机制

当大学走向社会舞台中心，社会在大学外部治理中也发挥着愈加重要的作用。大学在学科专业设置、人才培养、科学研究以及成果转化等方面，主动适应社会需求，社会也通过捐赠、提供其他办学资源等方式，参与和支持大学办学。在我国，社会与大学的互动起步比较晚，究其根源：一方面，政府希望社会组织更多地关心关注大学建设和发展，希望社会在资金投入等方面给予大学更多的支持，解决"双一流"建设所需大量经费的支出，解除"双一流"建设高校后顾之忧，同时也在客观上缓解政府的财政压力。另一方面，在政府鼓励社会参与的同时，也授予社会组织参与大学治理的权利，但是，政府担心社会组织发育不成熟，参与大学外部治理会给大学办学治校带来负面影响，同时，政府也担心社会参与大学治理并发挥重要作用，会影响其在大学外部治理中的地位和作用。

要建立健全社会参与大学治理机制，明确社会可以参与大学治理的事项和范围。当前，社会组织参与大学办学治校的方式主要有社会捐赠和产学研合作。社会捐赠后，社会组织可以监督大学是否按照捐赠的目的使用捐赠资金，可以提出意见建议，资金使用不规范的，可以依约定收回。产学研合作主要是社会组织和大学共同申报国家、省部级项目，联合建设实验室、技术工程中心，以及共同进行技术研发，共同推进科技成果转移转化等。当然，社会组织也承担了越来越多的咨询、评价等职能，例如，《教育部关于进一步加强高等学校法治工作的意见》，就明确提出要组织第三方社会组织对直属高校法治工作开展情况进行评估。但大学治理中最重要的是决策权，社会组织是否能够像西方国家那样，通过董事会或其他形式参与到大学决策权力中，这个问题当前还存在探讨的盲区，但是，拓展社会参与大学治理的广度和深度已成为共识。

权力与责任并行，在赋予大学更多更广更深的治理权力的同时，更需要提升社会参与大学治理的能力。政府要大力培育和发展社会组织，要加大对社会组织的政策支持力度，通过配套实施细则细化社会参与大学治理的途径、职权、职责、法律地位等，为社会组织发展提供政策和法治保障。政府也要转变对社会组织的认识，逐步与社会组织建立平等、合作、互动的关系，搭建社会组织参与大学治理的平台、渠道等。当然，社会组织要充分利用政府给予的宏观政策支持，提升参与大学治理的能力和水平，可以借鉴大学理事会成功运行的经验，并进行创造性转化和创新型发展，不辜负政府对社会组织的希望，针对大学对社会组织参与办学的实际需求，高质量地参与到大学的外部治理中。通过建立健全社会参与大学外部治理的机制，可以汇聚更大的力量，共同致力于"双一流"建设。

四、探索社会公众参与大学外部治理机制

高等教育是一种公共产品，与社会公众切身利益密切相关，随着社会公众对教育重要性的认识程度逐渐加深，社会公众通过一定方式参与大学外部治理、合理表达自身诉求的呼声日益高涨。西方世界一流大学通常选拔有一定社会声望、在行业领域中表现突出的杰出人才参与到大学治理过程中。在我国，社会公众参与大学治理还处于萌芽阶段，严格意义上说并没有真正展开。众所周知，当前社会公众参与大学治理主要是通过新闻等社会舆论方式，例如前些年，大学自主招生存在不同程度的乱象，社会公众通过新闻媒体等渠道呼吁改变这种不公平的现状，后来，大学自主招生被教育部叫停。又如中西部高等教育、农村高等教育与发达城市高等教育发展存在严重不平衡问题，社会公众也极力呼吁教育公平，教育部改革高考招生政策，专门为西部地区、贫困地区等高等教育薄弱的地区设置专项指标。"双一流"建设政策背景下，国家设立遴选委员会，遴选委员会委员中有部分委员是社会人士代表，但遴选委员会仅仅是制定遴选标准，遴选出"双一流"建设高校，并不实际参与"双一流"建设高校的大学治理，可见，社会公众参与大学治理的意愿十分强烈，但是，参与的途径和渠道仍十分欠缺。为回应社会公众的期待，"双一流"建设背景下，应探索拓展社会公众参与大学治理的渠道和途经。

新修订的《高等教育法》明确规定，高等学校应及时公布相关信息，接受社会监督，这为社会公众参与大学治理推开了一扇窗。但是，《高等教育法》并没有明确规定，社会公众如何参与到大学治理的进程中。《高等学校信息公开办法》在《高等教育法》相关规定的基础上，又往前进了一步，明确要求高等学校要及时向社会公众公布本科教学评估、学科评估、大学生就业质量年度报告等信息。整体来看，从性质上分析，社会公众参与大

学治理并没有走信息监督的路径，此前，新闻舆论监督更多的是通过个案的方式呈现，当出现了一个教育热点难点问题时，社会公众通过舆论的方式表达诉求，大学及时回应社会舆论，形成良好的互动，推动了大学事业健康发展。《高等教育法》《高等学校信息公开办法》将个案舆论监督进一步制度化，高等学校的主要办学信息，除涉及国家秘密等之外的一律公开，社会公众可自由全面地获得大学办学信息。例如社会公众对个别"双一流"建设高校获得巨额财政拨款，但是培养的学生大多留学国外、效力西方国家存有异议，国家相应地减少了财政拨款，同时，该建设高校也在人才培养方案上作出调整，坚守为党育人、为国育才的初心和使命，把立德树人融入文化知识教育、社会实践教育各环节，培养德智体美劳全面发展的建设者和接班人。"双一流"建设背景下，还要进一步深入拓展和增强社会公众参与大学事务决策、监督评估的覆盖面和话语权，完善社会公众利益表达和意见整合机制，这将有利于保障大学的自主办学和社会的合理监督，进而提高大学办学水平和人才培养质量。

第 九 章

大学内部治理推进"双一流"
建设的具体路径

"双一流"建设是国家重大战略决策，实现"双一流"建设三步走奋斗目标需要内外部因素共同发力。从外部因素来讲，2015 年以来，国家先后出台了《总体方案》《指导意见》《实施办法（暂行）》等系列制度文件，为新一轮"双一流"建设提供了最好的制度环境。同时，从中央政府到地方政府，在经济困难、财政开支削减的大环境下，对高等教育的投入、对"双一流"建设的财政拨款不减反增，如前所述，我国部分顶尖大学的年均经费收入已与国外世界一流大学相差无几，因此，可以说，制度供给、资源供给等外部条件得到了较好的解决。新时期，新一轮"双一流"建设能否取得预期成效，主要取决于大学内部治理体系和治理能力是否适应"双一流"建设所需，能否精准识别大学内部治理推进"双一流"建设的具体路径。

第一节　坚持和完善党委领导下的
校长负责制

党委领导下的校长负责制是历史的选择、人民的选择，是我国高校内部治理的根本制度安排。新中国成立以来，我国历经多次探索，最终确立了党委领导下的校长负责制。2021年新出台的《中国共产党普通高等学校基层组织工作条例》（以下简称《基层组织工作条例》）明确提出："高校实行党委领导下的校长负责制。"实践证明，党委领导下的校长负责制符合我国国情和高等教育发展规律，是我国高等教育改革发展的根基所在。正是由于坚持了党委领导下的校长负责制，我国高等教育在短短几十年间创造了高速高质量发展的历史奇迹，推动了一批高校跻身世界一流大学行列，建成了当今世界上规模最大的高等教育体系，有力地支撑了中华民族伟大复兴的历史进程。当前，中国特色社会主义进入新阶段，高等教育已经站在全球舞台与世界一流大学同台竞技，面向未来，高校发展面临新形势新任务新问题，改革发展任务异常艰巨，因此，更应加强党委领导下的校长负责制，引领新时代高等教育高质量发展航向。

2019年，全国人民代表大会常务委员会组成执法检查组，开展《高等教育法》实施情况执法检查，全国人大常委会披露的检查报告显示："检查发现，有些高校党委管方向、谋大事、做决策的能力不足；有些高校党委书记、校长配合不好，难以形成工作合力，等等。"① 当前，世界正处于百年未有之大变局，党和国家事业发展对高等教育的需要、对科学知识和优秀人才的需要，比以往任何时候都更为迫切。坚持和完善党委领导下的校长负责制这一根本制度，有利于深入推进新一轮"双一流"建设，早日实现建成一批世界一流大学和一流学科目标，有利于高校肩负起为国家培养堪当民族复兴大任的时代新人，有利于有效抵制西方意识形态和思想文化的渗透，有利于有效化解西方对我国经济和技术的垄断和封锁。当前，坚持和完善党委领导下的校长负责制，主要应做好以下工作。

一、加强党委对学校工作的全面领导

《基层组织工作条例》第十条明确规定，高校党委承担管党治党、办学治校的主体责任。具体细化为 9 项主要职责，涵盖了高校办学治校的关键环节，高校党委要精准把握职责定位，将党对学校工作的全面领导贯彻落实到学校工作的各方面、全过程。一是要加强党委对学校事业的政治领导。党委必须全面深入系统贯彻落实党的教育方针、路线、政策，落实立德树人根本任务，加强党建和思想政治工作，牢牢把握意识形态的领导权、主导权、话语权，要确保在人才培养、科学研究、社会服务、文化传承创新和国际交流合作等过程中始终坚持党的政治方向。二是要加强党委对学校事业的思想领导。要统筹安排学校课程思政建设，推进习近平新时代中国特色社会主义思想三进工作，要将思想政治教育融入通识课程和专业课程教学工作之中，要深入挖掘专业课程中的思政元素，要善于运用新媒体传播方式传播党的声音，引导广大师生做党的教育方针、路线、政策的忠实践行者。三是要加强党委对高校事业的组织领导。加强学校党委对基层党组织的绝对领导，加强教师党支部、学生党支部建设，夯实党的基层组织；

---

① 王晨.全国人民代表大会常务委员会执法检查组关于检查《中华人民共和国高等教育法》实施情况的报告 [EB/OL]. [2021-03-11]. https://baijiahao.baidu.com/s?id=164818 6770877481116&wfr=spider&for=pc.

加强党委对团委、工会、学术委员会等群团组织、学术组织的领导；坚持党管干部，在干部选拔、人事聘任等方面要公平公正、严格规范；坚持党管人才，做好高层次人才引育工作和师资队伍建设工作等。通过加强党委对学校工作的全面领导，牢牢把握党对高校工作的领导权，确保高校成为党的领导的坚强阵地。

二、正确处理好政治权力和行政权力的相互关系

在我国，以党委为代表的政治权力和以校长为代表的行政权力，是高校权力体系中两个最主要的权力，因此处理好政治权力和行政权力的关系事关高校事业发展兴衰成败。当前主要可从以下几个方面入手：一是正确处理好党委领导和校长负责的关系。党委要履行好把方向、管大局、作决策、保落实的职责。校长要依法积极主动地做好教学、科研和行政管理工作。二是正确处理好书记和校长的关系。书记和校长是党政一把手，要站在社会主义政治家和教育家的高度办学治校，党委书记和校长都要摆正"位置"，党委领导不等于书记领导，校长负责不是校长个人负责。党委书记和校长都要自觉坚持集体领导、民主集中的原则，凡是事关学校事业改革发展的重大事项，书记、校长要充分沟通、坦诚交流、达成共识。校长在处理行政事务时有一锤定音的权力，但是，校长在作决策时要事先与党委书记进行充分沟通，要尊重党委书记的意见。党委书记作为学校领导班子的班长，要充分信任以校长为首的行政领导班子，要带头支持行政领导班子工作，带头支持校长的正确决策。在办学治校的日常事务中，党委书记和校长要保持经常性的沟通，部分"双一流"建设高校，党委书记和校长每周有固定的时间进行工作沟通，党政关系融洽，事业发展如火如荼。

三、健全党政协调配合的有效机制

"党委领导""校长负责"是不可分割的有机整体，是辩证统一的关系。

贯彻执行好党委领导下的校长负责制，要从规范权力运行入手，要从制度上厘清党委领导和校长负责的权限、职责。2021 年，国家颁布《基层组织工作条例》，教育部启动新一轮章程修订工作，高校要依据上述文件要求，下功夫厘清高校党委和校长的权责边界。要进一步健全党委和行政议事规则，要适时修订党委常委会、校长办公会议事规则，明确党委常委会、校长办公会职责分工、议事决策范围和程序，从议事规则上规范学校党委和行政权力规范运行。要处理好分工与合作的关系。分工不分家，党委和行政都有各自的工作职责，各有不同的工作重点，但并不意味着分工就是各扫门前雪，甚至是各自有自己的一片领地，相互不交流、不交叉，而是在合作基础上的分工。在具体工作实施过程中，党委和行政存在分工，发挥各自专长，推进决策落地落实。要建立健全党政沟通协调机制，推进书记、校长、班子成员之间的沟通协调，重大事项决定前，书记校长要充分沟通、凝聚共识，实现党政同心同向、协调配合，并以此增进领导班子的团结协作，带动全校形成协调配合、团结一致、共干事业的良好氛围。

第二节　全面推进依法治教、依法办学、依法治校

　　纵览中外世界一流大学内部治理共性经验可以发现，依法治理是最基本、最稳定的治理方式。我国政府也高度重视依法治理在大学内部治理中的作用，2003 年，教育部出台《关于加强依法治校工作的若干意见》，全面推进依法治教。近年来，教育部更是有计划、有步骤地推进高等教育法治工作，2016 年出台《依法治教实施纲要（2016—2020）》，2020 年出台《进一步加强高等学校法治工作的意见》，2021 年出台《高等学校法治工作测评指标》，等等。上述文件均强调深入推进依法治校、依法治教，推进内部治理体系和治理能力现代化，强调将依法治理作为内部治理的基本方式。教育部还每年召开一次全国法治工作会议，轮训人员从学校主要负责人到部分负责人再到具体法治工作人员。"双一流"建设背景下，高等学校要深入贯彻落实教育部等上级文件精神，加强法治建设，健全以章程为核心的现代大学制度体系，深入推进依法治校，推进内部治理体系和治理能力现代化，为"双一流"建设夯实法治之基。

一、领导干部在法治建设上当标杆作表率

　　大力推进"双一流"建设，高校党委要始终将法治工作摆在重要位置，领导班子成员以身作则、率先垂范，带头学法尊法守法用法。党委常委会

要第一时间学习传达中央全面依法治国工作会议精神、全国高校法治工作会议精神，党委理论学习中心组将法治教育作为必学内容，第一时间专题学习《民法典》《教育法》等法律法规。健全学法制度、保障培训学时，严格要求二级单位班子成员专题学习习近平法治思想和法律法规。学校党政主要负责人要切实履行法治工作组织者、推动者和实践者的职责，将全面推进依法治校融入顶层设计，将法治工作与"十四五"事业发展规划同步谋划、同步推进，有效带动全校上下将法治工作纳入部门发展规划和年度计划，制定部门加强法治工作整体方案，推动学校法治建设进入"规划引领"时代。

二、全面推进大学章程建设和实施

"大学章程是高等学校的根本制度，是规范高校内外部关系的基本准则，是推进高校治理现代化的宪章及纲领性文件。"[88] 2012 年，教育部出台《章程制定暂行办法》，在全国范围内启动大学章程制定工作。截至 2015 年年底，全国高校章程制定工作基本完成，初步实现了"一校一章程"的预期目标。章程核准后，高校非常重视章程实施工作，多数高校将章程作为教师入职、学生入学的培训内容，将是否与大学章程相一致作为内部制度文件合法性审查的要件之一，部分高校还开展章程实施效果的第三方评估，应该说，自 2013 年以来，章程在高等学校依法治校、推进治理体系和治理能力现代化中发挥了重要基础性作用。2021 年，教育部办公厅下发《关于启动新一轮高等学校章程修订工作的通知》，要求各高校要充分认识章程修订工作的重要意义，要将党的十八大以来，习近平总书记关于教育的重要论述、党中央关于高等教育的一系列决策部署在章程中得到贯彻落实，要认真总结学校建设发展的新进展新经验，要创新和完善内部制度规范，使制度体系更加健全、治理结构更加完备。同时明确要求，部属高校应在 2022 年 6 月底之前完成章程的修正工作，省属高校应在 2022 年 12 月底之前完成章程修正工作。

梳理分析这 12 所学校的章程可以发现，多数高校通过章程界定了举办者、办学者的权限、职责，对二者之间的权力边界进行了较为明确的划分。更为关键的是，明确将高校自主办学的独立法人地位写入章程，且较为详细地规定了高校自主办学的权力和义务。此外，多数高校章程还明确规定了各个治理主体的权限、职责、权力行使规则等，例如对党委常委会、校长的权限、职责、议事规则等进行了明确规定，对学术委员会、教职工代表大会、共青团、学生代表大会等学术组织、群众组织作出详细规定。对学校与学院的权限、职责作出明确规定，很多高校章程专门设置学院一章，从章程上为建立新型校院二级关系勾画蓝图，还有很多高校专门设置教师一章、学生一章，规定了教师、学生的权利、义务。应该说，我国高校已经有了一个好章程，但是，"法律的生命力在于实施"，要想将章程中规定的好的经验、做法化为实际的办学成效，必须大力推进章程的实施，将静态的章程文本转化为动态的依章办学实践，让章程中好的理念、好的制度设计在办学实践中落地生根。

三、务实高效推进依法依规办学治校

系统梳理学校各项规章制度和管理文件，推进规范性文件废改立工作。例如，部分"双一流"建设高校认真贯彻落实新修订的《教育法》立法精神，及时修订《本科生学籍管理办法》《学生素质综合测评暂行办法》等文件，将"劳"字纳入学生培养方案，及时将党的教育方针落实到人才培养全过程。部分"双一流"建设高校认真贯彻落实《深化新时代教育评价改革总体方案》精神，及时废止《突出业绩奖励实施暂行办法》《优秀新生奖学金实施办法》等文件。进一步健全科学规范、运行有效的制度体系，持续完善党委全委会、党委常委会、校长办公会等议事范围和议事程序，改进议题征集、汇报程序，提高议事决策效率。严格贯彻落实重大决策合法性审查程序，凡事关学校事业发展全局和师生员工切身利益的重大决策事项，必须履行师生参与、合法性审查、集体讨论等决策程序。

应严格按照制度规范办学治校，领导干部带头严格遵守和执行教育教学、学术科研、人事财务、合作办学等制度规范，有规有矩有序地抓好工作落实。

第三节　健全和完善学术治理体系

"学术是大学的灵魂和大学活动的核心。"[89] 长期以来，学校行政权力一直凌驾于学术权力之上，造成学术权力十分羸弱，与高校学术组织特性不符，也无法维护学术自治和学术自由。改革开放后，国家推动高校去行政化改革，特别是，2014 年教育部印发《学术委员会规程》以来，高校逐步建立健全学术组织和机构，高校学术共同体的角色更加彰显，但是，与"双一流"建设目标对学术权力的要求相比，仍然需要持续健全和完善。

一、加强学术委员会和专门委员会建设

当前，高校普遍建立了学校学术委员会，并制定了校学术委员会章程，对校学术委员会的职责、议事规则、委员的权利义务等作了规定，但是，学部学术委员会、学院学术分委员会、专门委员会等并不健全。近年来，为深入推进"双一流"建设，进一步强化大学学术权力，增进学术自由和学术自治，部分"双一流"高校健全学术委员会机构，为学术权力提供组织保障。2018 年，北京大学审议通过了《北京大学学术委员会章程》，完善了内部学术机构，设立了学部学术委员会，学院（系、所、中心）学术委员会，同时，在学校学术委员会下设学术道德委员会、学科建设委员会、教学指导委员会等专门委员会，学校学术委员会设立秘书处，处理日常事务。中国海洋大学进一步完善了学术委员会的组织体系，学术委员会内设学科建设与学术评价、学风与学术道德、教学委员会 3 个专门委员会，学

院设置学术分委员会，目前已设置学院学术分委员会 20 个。

二、明确学术委员会委员组成、权责

为保障学术自由和学术自治，保证学术委员会在实践运行中不发生异化，应采用世界一流大学通行做法——学术事务决策应该由专业人士决定。当前，要做到让学术委员会成为一个主要由学者构成的机构，即优化学术委员会委员构成。具体来讲，学术委员会委员应当与学科专业相匹配，要明确规定专任教授的人数不少于委员总数的 1/2，同时，适当吸纳一定比例的青年教师代表。从现实情况来看，很多大学的校长、副校长、院长、副院长等都是某一个学科的带头人，完全禁止其参与学术委员会也不一定就有利于学术自由、学术自治，从某种情况来看，当前，学术权力的发展还需要依赖行政权力的推动，因此，可以将担任党政领导职务的教授担任学术委员会委员的比例限定为不超过委员总人数的 1/4。同时，吸纳少量的学生代表，本科生代表、研究生代表至少各 1 人，保证学术委员会委员代表的广泛性、民主性。依据学术委员会规程，学术委员会委员任期可为 4 年，期限届满可以连选连任，连任不超过 2 届，新一届学术委员会中，新委员的人数原则上不少于委员总数的 1/3。

应进一步明确学术委员会委员的权限、职责，权限除《学术委员会规程》列明的出席学术委员会会议，就学术委员会职责范围内的事项发表意见、进行审议或表决等外，还应该进一步具体化，例如部分"双一流"建设高校规定，在教师职称评审时，学术委员会有权对其专业能力和水平进行学术判断，在引进新教师时，对教师学术水平和学术能力进行判断等。职责主要包括遵守学术委员会规程、章程等，坚守学术专业判断，学术委员会审定或评定的事项涉及委员本人及近亲属的，要主动申请回避等。

三、明确学术委员会运行规则

为充分发挥学术委员会作用，应创造条件推动学术委员会从幕后走向台前，其中，学术委员会议事规则是保障。高校学术委员会章程应规定，学术委员会每学期至少召开1次会议，根据学术委员会主任委员或1/3以上学术委员会委员提议，可临时召开学术委员会会议，并可根据学术委员会会议议题，允许师生员工列席旁听。学术委员会全体会议一般有2/3以上委员出席方可召开，应进一步完善学术委员会议题征集机制，可以效仿党委常委会、校长办公会议题征集机制，全体委员会议严格按照预定议程进行，不得临时动议，特别是需要表决性议题不得临时过会、仓促表决。委员审议或评定相关事项时，应给予当事人当面陈述和辩论的权利，学术委员会委员认为有必要的，可以就审议或评议事项相关问题要求当事人接受质询。学术委员会议事决策实行少数服从多数的原则，一般议题需经出席会议委员1/2赞成票方可通过，重大事项或重要议题必须经过出席委员2/3赞成票方可通过。除涉密决定外，学术委员会会议决议应通过适当方式予以公开。学术委员会应建立年度报告制度，对学校整体的学术水平、学科建设发展、人才培养质量等提出学术意见。

完善学术治理体系既是一个长期目标，也是深入推进"双一流"建设的关键之举。当前，要通过强化学术委员会制度建设，健全组织架构和运行机制，有效规范学术事务，在一流学科建设规划、一流人才培养、一流人才引育、一流科研成果培育等学术事务中发挥重要作用，坚守学术使命、鼓励学术创新，独立负责、公平公正地履职尽责，为"双一流"建设目标实现提供学术保障。

第四节　健全和完善民主管理机制

一、健全教职工参与民主管理机制

教职员工是"双一流"建设高校的力量之源，发展依靠师生、发展为了师生。我们党从弱小不断走向强大，一个重要的法宝就是坚持走群众路线，善于发动群众，带领人民从一个胜利走向另一个胜利，最终取得全国政权。新中国成立后，正是始终信赖群众、依靠群众，从群众中来、到群众中去，我们党领导全国人民不断取得改革建设发展的卓越成就。在高校，我们党始终强调，要坚持师生主体地位，全心全意服务师生。我国高校在内部治理结构上明确规定，要坚持民主管理。高校按照教育部要求，普遍建立了教职工代表大会制度，很多高校坚持每年召开一次教职工代表大会，校长作年度工作报告。学院也普遍建立了二级教代会制度，应该说，从组织机构上来说，学校和院系民主管理的组织机构是健全的，但是与"双一流"建设对高校内部民主管理的要求相比，与师生员工的期待相比，目前，许多高校教职工代表大会在学校治理中的作用发挥得有限。主要原因：一些教代会定位、职责职权、代表产生、议事程序等不规范、不合理，担任行政职务的领导代表数量多于一般教师，况且，教代会相关提案、议题等提交审议时，教代会往往只是走过场、流于形式，在一些事关师生切身利益的重大问题、重大事项上均是如此。

当前，"双一流"建设高校应进一步健全和完善教职工代表大会制度，真正树立以师生为本理念，通过制度保障师生认真行使职权、履行职责，进一步拓展教职工代表大会审议议题范围，将涉及学校事业发展、"双一流"学科建设方案、教职工职称评聘、绩效津贴发放等的问题，均纳入教职工代表大会审议和讨论的范围。还应进一步发挥教职工代表大会事前知情、事中检查、事后监督作用，如绩效工资分配、职称评审、建筑工程招标等，应保证教职工代表的有效参与、评议过程的公平公正等。通过健全和完善教职工参与民主管理的机制，激发教职工办学治校的主体地位，凝聚深入推进"双一流"建设的磅礴力量。

二、健全学生参与民主管理机制

"学生是大学运行和发展的重要利益相关者，理应在学校发展和关乎其切身利益的方面参与决策和担负责任。"[90]当前，多数高校学生大学内部事务治理仅仅限于参与有关人才培养方案、教材选取、教学质量、教学方法等方面的管理工作。总体来讲，学生参与高校内部治理的广度和深度还远远不够，学生大学内部治理主体地位与作用发挥得远远不够，"大学生除了享有学习权利外，还应享有参与学校治理的权利和更多的选择权"[91]。《21世纪的高等教育：展望和行动世界宣言》指出："高等院校的领导者关注的重点应该是学生本身及其目标诉求，把学生作为高等教育变革的主要承载者和合作者。"西方国家在学生参与大学内部治理方面已经形成了与本国国情相符的治理机制，他们普遍强调学生参与学校事务管理，"学生参与大学治理的重要机构主要有学生参议院、理事会、董事会等高校重要的高层决策机构"[92]。法国《高等教育方向法》明确规定，大学理事会中学生代表的人数要达到1/3左右。

长期以来，我国学生参与大学内部治理的权利被集体忽视，更没有相应的制度保障学生参与民主管理权利的行使。笔者曾做过问卷调查，对安徽省5所大学500名学生发放调查问卷，回收481份，经梳理统计，457份调查问卷显示，学校对学生意见和建议不重视或不够重视，学生事实上根本没有机会和渠道参与到大学内部治理过程中，特别是涉及教室、食堂、图书馆、浴室等一些事关学生根本利益的重大决策，学生的意见或建议也被集体忽视。高校应深刻认识到学生参与大学内部治理，既是提升大学治理能力的重要体现，也是大学生维护自身合法权益的重要途径。高校应在章程中明确学生在校期间享有哪些民主管理权力，当然也要明确学生应当承担的相应的义务。要建立健全学生代表大会、团代会等学生自治组织的章程、议事规则、代表产生、运行机制等，既为学生参与学生民主管理拓展渠道、提供制度保障和支撑，又规范学生有序参与大学内部治理，保障学生在课程学习、专业设置、院系管理、毕业就业等方面意见建议的发表权利，以及在条件允许的情况下参与学校重大决策，作为校长办公会的当然成员等。建立健全学生参与民主管理的体制机制，有利于提升学生参与大学内部治理的成效，为"双一流"建设奠定坚实的民主基石。

第五节　构建新型校院二级关系

　　学院是大学履行自身职能的"具体组织实施单位",是大学的基本办学主体和实施人才培养、科学研究和社会服务的"前哨","一流学院就是一流学科的发家之所"[93]。良好的校院二级关系是激发大学办学活力、提升办学绩效的关键。长期以来,在我国大学校院二级关系上,学校始终处于支配地位和主导地位,二级学院则处于被支配被主导的地位,权力主要集中在学校层面,职责主要下放到学院层面,导致二级学院办学责任大、压力大,主动性、积极性不够。

一、新型校院二级关系的实践探索

　　关于建立新型校院关系,实践早有探索并取得些许进展。2010 年,国家发布《关于开展国家教育体制改革试点的通知》提出:"设立试点学院,开展创新人才培养试验。"2011 年,北京大学等 17 所全国首批高校试点学院推行综合改革。2012 年,《教育部关于推进试点学院改革的指导意见》提出,落实和扩大试点学院教学、科研和管理自主权,支持试点学院改革院长选拔任用制度,等等。近年来,在构建新型学院关系上,许多大学开始积极探索尝试,虽然各校探索的举措、路径不一,但是基本上都是围绕一个主题,即向学院放权、推进管理重心下移、完善学院内部治理结构,逐步实现从"校办院"向"院办校"转变。

　　2006 年,武汉大学开展校院二级财务管理体制改革,建立依职能、成本和绩效的学校二级财务管理体系。主要探索措施:一是,学校对校内二级单位进行分类,例如教学科研机构、教学机构等;对不同类型的二级单位实行不同经济政策和管理体制。二是推行管理中心下移。以校院两级管理为抓手,既下放事权,也下放财权、用人权,实现财权和事权相统一,同时,调整学校和学院的人财物权限、职责,实现责、权、利对等。三是根据权责对等原则,学院自收的教学、科研、产业、捐赠和其他收入以较大比例纳入院级财力。四是设置科研保障机制,按学院人均工资标准设立专职科研人员基本保障经费,补偿学院科研人员费用。

2014年,复旦大学也启动校院两级管理体制改革。复旦大学改革的特色主要有:一是精简机构。将学校机关部门由42个精简到33个,内设科室由125个精简到83个,通过精简机关,实现学校瘦身强体。二是一院一策。学校根据各学院发展基础、发展形势不同,制定差异化的发展策略,对发展规划目标清晰、内部治理体系健全的学院,在经费投入、人事聘任等方面赋予充分的办学自主权。三是学术赋权。将学术发展、学术评价等学术事务下沉到学院,学院进一步放权,将部分学术事务的管理、决策权限下放到基层一线学术组织,甚至将部分学术权力下放给一线的学科带头人。

2016年,北京大学在此前人事制度改革的基础上,进一步深化学校人事制度改革,主要举措有:一是教师是学校发展建设的主体和主力,全校上下都要尊重教师的主体地位。二是构建公平、合理、科学、完备的师资管理服务制度体系。三是建立校院二级协调一致、相互配合、共同培育一流师资的体制机制。

综上,近年来,国内高校围绕新型校院二级关系不断展开探索,各校探索路径各异,部分"双一流"建设高校采取整体协同的方式,打包下放人财物等办学权力,部分"双一流"建设高校采取单兵推进的方式,例如武汉大学的财务管理体制改革、北京大学的人事制度改革,等等,但无论是整体协同或单兵推进,校院二级管理体制改革的主题主线都是清晰的,都是围绕向学院放权,增强学院办学主体地位和办学活力,逐步实现从"学校办大学"向"学院办大学"的转变,并通过一流学院建设促进一流学科、一流大学建设。

二、新型校院二级关系的重要意义

（一）有利于破解制约校院二级关系的突出问题

长期以来，政府对高校套用行政机关的管理模式，通过建构一套科层化管理结构，运用行政化的方式来管理高校，这种管控思维也体现在校院二级关系上，造成校院二级关系矛盾突出，主要表现在：一是校院二级权力配置严重失衡。"学校处于主导、支配和强势地位，学院处于依附、被支配和弱势地位，导致学院自主权缺失。"[94] 二是科层管理模式下职能部门行政化与官僚化倾向严重，管理效率低下等问题不同程度存在；学院长期被管理，导致主动谋求发展的动力不足。三是学校在日常管理中，习惯采取看似公平的"一刀切""标准化"管理模式，忽视了文科学院、理科学院、工科学院之间的差别，忽视了不同学科之间、不同专业之间的差异。建立新型院系关系，有利于推进学校管理方式转变，促进学校从"行政化管理"向"服务行政"转变，提高服务质量和效益。

（二）有利于打造一流学院，助推一流学科、一流大学建设

"学院是大学办学治校的基础，大学的发展依靠学院的发展，学院内在发展动力和活力的调动和发挥是未来大学发展成败的关键。"[95] 长期以来，学院办学主体地位并没有得到真正落实，很多情况下，学院都是被动改革、被动配合、被动服务、被动接受评价的角色，学院因缺乏自主管理、自主发展的制度环境而难以实现自主、快速发展。应建立新型校院关系，改变学院被动办学的局面，真正赋予学院办学所需的人、财、物等权力，学院更清楚应该怎么做，学院作出的决策比学校更加务实高效。学院被赋予办学自主权后，可以根据学科发展状况，适时进行结构调整，适时改革学科建设组织，协同推进跨学科建设以及学科交叉融合。此外，学院被赋权后

可以极大提高基层学术主体的积极性，激发基层学术主体的主动性、创造性，促进学院改革创新与快速发展，通过一流学院建设，大力助推一流学科和一流大学建设。

三、新型校院二级关系的实践路径

（一）树立院为主体的办学理念

在优化大学外部治理体系中，我们提到要处理好政府与大学之间的关系，政府要转变观念、转变角色、转变职能，这对于大学治理体系和治理能力现代化十分关键，对于深入推进"双一流"建设十分关键。在大学内部治理体系上，建立新型校院二级关系的重要性并不亚于外部治理中的政府与大学之间的关系。在校院二级关系上，学校是主要矛盾或曰矛盾的主要方面，掌握解决问题、化解矛盾的主动权，因此，构建新型校院二级关系，主动权在学校。学校应该像政府一样，从转变观念、转变角色、转变职能开始。虽然校院二级管理体制改革已提多年，相关高校也着力推进校院二级管理改革，学院办大学的理念也被广为提及，但是，当前构建新型校院二级关系，仍然要求学校真正从思想认识上树立院为主体的办学理念。高校领导班子成员，特别是书记、校长要下大功夫研究先进、前沿的教育思想和管理理念，遵循教育发展规律，牢固树立院为主体的办学理念。只有充分认识到院系是大学的细胞和学校事业发展的决定力量，将院系办大学的理念付诸行动，才能在真正意义上实现办学重心下移，从而赋予并尊重院系在教学、科研、人事、财务等方面充分的自主权。院系从学校获得充分的办学自主权后，能够激发其办学的主动性、积极性，从而将所在院系、学科的教育教学、科学研究等工作做好。

（二）优化校院机构设置

"院为实体"的办学理念需要组织机构予以落实，要遵循简化机关、强化学院的原则，优化学校机构设置和职能配置。前文提及复旦大学在校院两级管理体制改革中，根据改革目标，精简学校职能部门处室、科室，应该说，对学校职能部门进行精简大有必要。前些年，有些高校开展大部制改革，借用学术学部制的经验，将学校职能部门按照职能相近的原则进行整合，应该说，这个方向是对的，但是，部分学校大部制改革并没有取得预期效果，不仅没有优化组织机构设置、减少管理幅度，反而增设了很多处级机构，增加了管理幅度，也因此，大部制改革昙花一现。"双一流"建设背景下，为避免职能部门数量过多带来的职能交叉、多头管理等问题，仍然应坚持对现有职能部门进行大部制改革，要对现有职能部门的权力、职责、职能等进行细致梳理，结合教育"放管服"改革精神，将一部分职能随办学自主权一道下放到学院，将一部分职能相近的予以整合，并重新核定职能部门岗位职责、人员编制等，以减少机构数量、降低管理成本、提高管理效能。

更为关键的是，要科学合理地设置学院。有学者研究发现，世界一流大学学院设置规模普遍偏少，通常在 10 个学院左右，反观我国，"双一流"建设高校学院设置普遍在 20 个以上，部分"双一流"建设高校院系设置更多。当前，学科交叉融合已成为新的发展趋势，重大科学发现多半是多学科交叉的结果，因此，科学研究的组织形式已经发生巨大改变，小作坊、单兵团作战已经难以适应当前知识发展和科学研究的发展趋势。而院系设置过多事实上在人为地设置壁垒，阻碍不同院系的科学研究人员相互交流。美国哈佛大学在试行松散式院系，打破束缚在科研人员身上的院系壁垒，科研人员根据科研项目自发成立科研组织单位，各展所长、协同攻关。新一轮"双一流"建设，高校要坚持四个面向，积极回应经济社会发展需求，科学合理设置学院，科学合理设置学科专业，在此基础上，优化学科专业布局，促进相邻、相近学科之间的交叉、渗透和融合。

（三）优化校院二级权力配置

2017 年，《国家教育事业发展"十三五"规划》提出，要推动高等学校进一步向院系放权。那么，学校应该向学院下放什么样的权限？又或曰，学院到底需要什么样的办学自主权？按照学院的性质特征分析，学院是办学治校的基本单元，学校向学院下放权力，最直接最管用的当然是学术权力，包括考试与招生、评价学生学习成绩、选任教师等，当然也包括与学术间接相关的权力以及为保障学术活动正常开展，拥有学术活动管理、保障等方面的自主权。从目前部分一流大学校院二级管理体制改革举措分析，学院应拥有完成学校目标任务所需的人权、财权、事权，享有内部自主决策、自主管理权力。如此界定，学校应该向学院下放哪些权力，或曰，学院需要何种办学治校权力仍过于笼统，前文已经提及，浙江工业大学权力清单、责任清单等放权探索值得借鉴。当前，要借助清单制度明确学校、职能部门以及学院三方的权力清单、负面清单和责任清单。对于职能部门，学校要按照"法定职责必须为"原则，清晰界定职能部门的权力清单和责任清单，一方面，严格要求职能部门依法规范行政权力，另一方面，行使权力也是履行责任，要督促职能部门积极履行职责，无论是行使权力、履行职责都必须在相应的权限范围内行使。对于学院，要按照"法无禁止即可为"原则，重点明确列出负面清单，明确规定哪些事项学院不得做、不能为，让学院知道行为禁区，除此之外，学院可以自由地行使办学自主权，结合学院实际，开展人才培养、科学研究等各项办学活动。

（四）完善学院绩效考核评价

从学校办大学到学院办大学，或曰从政府向学校放权，再到学校向学院放权，本质上，放权并不是根本目的，放权只是手段和工具，根本目的在于通过放权激发活力和动力，推动学校事业发展，早日建成世界一流大学和一流学科。因此，学院必须牢记"以服务求支持、以贡献求发展"，通过工作成效争取更大限度的权力"下沉"资本。从学校层面来说，放权后要加强监管，保障权力下放取得实质成效，因此，对学院采取科学、合理的绩效评估非常关键。通过绩效评估，学校可以对学院工作成效有更为直观、清晰的认识，"学院自然也要像学校对其资助者、纳税人、教师和学生负责一样，考虑自己的使命和工作范围，证明自己存在的理由"[96]。部分"双一流"建设高校在建设方案中明确了学校对学院的评估和问责，如浙江大学"双一流"建设方案明确提出，完善院系领导班子考评体系，深化目标责任制考核，强化院系发展成效考核激励机制建设。上海交通大学则采用协议授权的方式确定二级学院发展目标。虽然浙江大学、上海交通大学采取的举措不同，但本质上都是对学院进行目标考核。在协议期限或五年规划周期内，学院应该达致一个什么样的状态，在人才培养、科学研究、社会服务等方面应该取得何种突破，都应该有明确的量化指标，无法量化或采取量化评价不科学、不合理的，也应该建立健全评价指标体系。当然，目标考核并不是年度考核，也不建议过多过频地考核，可在3～5年进行一次周期考核，对于打基础、利长远的，应作长远规划和长远考虑，建立柔性弹性评价，给师生员工一个较为宽松的学习研究范围，争取产生突破性成果。此外，掌握绩效考核评价的目的至为关键，除前面提及的内容外，还应认识到绩效评价的目的是以评估改、以评促进、以评促建，要通过考核评价发现学院发展中存在的成绩与进展、短板与不足，找准学院面向未来发展的关键点和突破口，为学校在新一轮"双一流"建设中拔得头筹奠定基础，而一个个"双一流"建设高校不断取得新的成绩，我国高等教育高质量体系建立也水到渠成。

（五）健全学院治理制度

建立新型校院关系，学院将拥有更多的办学自主权，应研究如何用好用足学校下放的办学自主权，推动学院在学校的引领下完成学校既定的发展战略。同时，为了获得更多的办学资源和发展空间，应及时回应不同利益主体的诉求，以及协调不同学院之间的关系，作好学院相互间的配合，等等。以上问题的关键在于健全学院内部治理制度。"仅有好的治理理念，而无健全的制度保障，是难以实现治理的目的的。"[97]一是要通过大学章程将学院办学主体地位制度性地确立下来，并明确校院二级权力边界。章程是校内"小宪法"，梳理统计教育部直属高校章程文本，发现多数高校都在章程中明确规定了学校与学院之间的关系以及权责，但是，很少有高校在章程中明确学院作为办学主体和实体的地位，多数高校基本上仍然沿循将学院作为学校二级机构的做法。在章程修订过程中，学校应将学院办学主体和实体地位在章程中予以明确规定。二是从学校层面，加强现代大学制度建设，根据办学治校的需要和形势发展，推动制度全覆盖，保障人才培养、科学研究等各项工作有章可循、有据可依。同时，持续推进制度清理工作，对于已经落后于时代需求、不再使用的制度规范及时予以废止，不科学、不合理的制度规范及时予以修订，健全以章程为核心的现代大学制度体系，为一流学院的培育破除制度性障碍，提供制度性保障。三是从学院层面，按照学院自治原则，健全并规范党政联席会、"三重一大"制度、学术决策制度、教代会和学代会等制度，修订完善人才培养、科学研究、院务公开等制度，实现依法管理、科学管理和民主管理。

第六节　培育一流治理文化

一、培育公共治理精神

"一流的治理文化是一流大学和一流学科建设的灵魂。"[98] 大学内部治理现代化既需要刚性的制度规定，也需要柔性的治理文化，坚持和完善党委领导下的校长负责制，健全学术治理体系和民主管理机制，完善以章程为核心的现代大学制度体系，构建新型校院二级关系，这些都从属于刚性的制度规定，是推进大学内部治理现代化的根本保障。"高校治理需要'形''魂'兼备，在强化制度规范的同时也重视'制度德性'的引领作用。"[99] 刚性的制度规定并不一定能够起到预期的制度效果，相反，在很多时候，柔性的治理文化对推进大学内部治理现代化作用更好，因此，在注重制度规约的同时，也要重视文化的涵育。"大学内部治理改革需要与之相匹配的基本精神的推动，应秉承'边改革、边培育、边完善'的原则，培育协同创新、民主协商和公共参与意识。"[100]

（一）培育协同创新精神

创新是引领发展的第一动力，抓创新就是抓发展，"双一流"建设本身就是立足创新、引领发展。《总体方案》旗帜鲜明地提出，要破除身份固化、竞争缺失，要建立能上能下的动态调整机制，建设期满，未达到建设成效的高校一律调整出建设名单。作为"双一流"建设高校，要牢固树立创新意识，瞄准世界科技前沿，强化基础研究，实现前瞻性基础研究、引领性原创成果重大突破。特别是，当前科学研究和知识生产越来越从单一学科向跨学科转变，需要多学科协同创新才能产生重大原创成果。因此，要自觉打破院系壁垒以及以自我为中心的发展思路，通过建立新制度、催生新文化，引导管理服务人员、师生以及其他利益相关者，逐渐形成协同创新精神。

（二）培育理性宽容精神

理性要求"双一流"建设高校要紧紧围绕早日争创中国特色世界一流大学和一流学科的目标，充分调查研究，制定学科建设方案，准确研判发展大势，认清自身发展基础，提出"跳一跳、够得到"的发展目标，制定精准的发展策略和举措，确保目标任务如期实现。宽容要求要承认和而不同，特别是，在现今高校发展形势下，要营造尊重差异的文化氛围，在学术自由、学术发展等方面，要提倡多样化、避免一刀切，激活教职员工的创新灵感、创新思维，允许多元思想的互动共鸣、多元声音的交流碰撞，推动多元利益主体在相互尊重和理性协商的基础上，自主自由发展。宽容还要鼓励试错、允许失败。高校教师主要进行前沿未知领域内的探索，向未知科学领域进军，科学研究中有诸多不确定性因素，因此，学校要营造允许失败的文化氛围，为科研人员松绑减负，促使其立志于创造更多一流成果，深入推进学校事业争创一流。

（三）培育信任友善氛围

"双一流"建设需要全校师生员工的齐心协力、同心同向，只有凝聚最大公约数，才能画出最大同心圆。培育信任友善氛围，一方面可以缓解校级层面行政权力与学术权力之间的紧张关系，行政权力和学术权力是我国高校内部治理绕不开的一个话题、问题，前文也提到，要科学合理划分二者的权限、职责，要大力培育学术权力。除此之外，行政权力和学术权力行使者相互信任、展现出友善合作的姿态十分重要，缺乏信任合作，再好的制度设计也难以推动二者和谐发展。另一方面，师生员工与学校领导层、学院领导层之间的信任友善也十分重要，领导层要相信师生员工，少制定一些年度考核，少一些学期评价，给师生员工营造一个更好的学术发展氛围。允许部分老师三年不出成绩、五年不出成绩，给予老师十年磨一剑的宽松成长成才氛围。实践一再证明，重大理论发现和重大技术突破都需要长期潜心研究，缺乏领导层对教师群体的信任，对科学研究而言是一种灾难。当然教师群体也要培育对领导层面的信任，领导压担子也有难言之隐，财政经费使用要有绩效评价，评价是一个自上而下的传导过程，是一个不得已而为之的办法，因此，高校内部各方面、各群体要秉承信任友善的态度，公开讨论协商、缓解利益冲突，促进和谐有序治理氛围的形成。

二、培育独特治理文化

众所周知，美国世界一流大学鼓励个性自由、开放包容、自由探索，注重培养创新型人才。"英国世界一流大学在历史中逐渐形成了以时代精神为核心的治理文化，主要包括地方大学与服务精神、新型大学与创新精神。"[101] 日本世界一流大学治理文化源于公司制的组织文化，强调忠诚，即师生员工对学校应尽的责任；强调集体组织作用，秉承集体文化是大学凝聚力的理念。从各国大学内部治理文化看，各国大学治理文化的形成与国家经济社会文化发展密不可分，很大程度上是政治经济社会文化发展在大学治理文化上的反映，因此，其他国家大学治理文化可资借鉴，但是，我国在构建中国特色世界一流大学治理文化时，更应该立足我国国情和我国高等教育发展的历史阶段，培育独特的大学治理文化。

一方面，我国大学要有具有中国特色的治理文化。在独特治理文化方面，如前文提到的美国大学的个性自由，日本大学的组织忠诚文化，等等，我国大学也要培育具有中国特色的治理文化。当前，高校要认真学习贯彻习近平新时代中国特色社会主义思想和习近平总书记关于教育的重要论述，加强"四史"学习，传承红色基因，在师生员工中开展社会主义核心价值观学习，凝聚形成我国高校区别于西方大学独特的价值观念和治理文化。另一方面，我国大学要有具有个性特色的治理文化。校训是一个学校校园文化的灵魂，反映出学校办学历史和文化的积淀。笔者对部分"双一流"建设高校校训进行梳理发现，部分高校注重从"厚德""博学""笃行"等角度凝练校训。"厚德"是学校希望广大青年学子要明大德、守公德、严私德，要能够以国家和民族振兴、人民幸福为己任，永葆对党的忠诚之心、对人民的赤子之心，带头践行社会主义核心价值观，成为时代风尚的引领者。"博学"是学校希望莘莘学子能够以天下为己任，潜心学习、奋发图强，能够将学习成果融入实践工作中，身体力行投入到社会主义建设中。"笃行"是学校希望师生员工能够有时不待我之精神，以一万年太久、只争朝夕的精神状态，履职尽责，推动学校事业不断发展进步。首轮"双一流"建设期间，部分"双一流"建设高校在世界大学排行榜上进步十分明显，已经迈进世界一流大学行列，与建设高校以校训为核心的具有个性特色的治理文化密不可分。近年来，部分"双一流"建设高校已经意识到具有个性特色的治理文化对于大学治理和"双一流"建设的重要性，下一步，建设高校应进一步凝练校风、教风、学风、校训、校歌等独特的文化内蕴，凝聚师生员工的梦想与使命担当，共同致力"双一流"建设。

参 考 文 献

[1] Philip G A. The Costs and Benefits of World-Class University[J].Academe，2004（1）：20-23.

[2] 萨米.世界一流大学：挑战与路径 [M].孙薇，王琪，译.上海：上海交通大学出版社，2009：16.

[3] 王晓阳，刘宝存，李婧.世界一流大学的定义、评价与研究——美国大学联合会常务副主席约翰·冯（John Vaugh）访谈录 [J].比较教育研究，2010（1）：13-19.

[4] 袁新文.中国大学，如何迈向世界一流？[N].人民日报，2008-05-06(05).

[5] 张晓鹏.大学排名与世界一流大学建设——第一届"世界一流大学"国际研讨会述评 [J].复旦教育论坛，2005（4）：5-10.

[6] 刘雪婷，沈文钦.世界一流大学概念的中国起源及其跨国扩散 [J].清华大学教育研究，2021（2）：1-16

[7] 江泽民.在庆祝北京大学建校一百周年大会上的讲话 [N].人民日报，1998-05-05（01）.

[8] 袁贵仁.建设社会主义高水平大学的动员令——学习江泽民同志关于建设一流大学的论述 [J] 求是，2002（7）：51-54.

[9] 周光礼.世界一流大学的特质 [J].中国高等教育，2010（2）：44-47.

[10] 丁学良.什么是世界一流大学 [J].高等教育研究，2001（3）：4-9.

[11] 曹辉，陆慧玲.中国一流学科建设的核心内涵与推进路径 [J].高教学刊，2020（7）：11-13.

[12] 周光礼，武建鑫.什么是世界一流学科 [J].中国高教研究，2016（1）：65-73.

[13] 潘静."双一流"建设的内涵与行动框架 [J].江苏高教，2016（5）：24-27.

[14] 张炜.世界一流大学的共性特征与个性特色 [J].中国高教研究，2003（3）：50-51.

[15] 黄延复，刘述理，梅贻琦.教育论著选 [M].北京：人民教育出版社，1993：10.

[16] 陶爱珠.世界一流大学研究——透视、借鉴、开创 [M].上海：上海交通大学出版社，1993：9.

[17] 张惠.困境与超越：论世界一流研究型大学的建设 [J].河南大学学报（社会科学版），2013（6）：125-132.

[18] 王英杰，刘宝存.世界一流大学的形成与发展 [M].太原：山西教育出版社，2008：366.

[19] 闵维方.以改革开放精神创建世界一流大学 [J].中国高等教育，2008（24）：4-8，14.

[20] 刘宝存，李润华.我国世界一流大学建设与日本创建大学卓越研究中心政策比较研究 [J].外国教育研究，2011（8）：9-14，20.

[21] 张帆.德国大学"卓越计划"述评 [J].比较教育研究，2007（12）：66-70.

[22] 杨栋梁.日本推行高等教育改革的新举措——《21 世纪 COE 计划》评述 [J].日本学刊，2003（5）：120-129.

[23] 吴镇柔，陆叔云，汪大辅.中华人民共和国研究生教育和学位制度史 [M].北京：北京理工大学出版社，2001：399.

[24] 马廷奇."双一流"建设与大学发展 [J].国家教育行政学院学报，2016（9）：9-14.

[25] 习近平.青年要自觉践行社会主义核心价值观——在北京大学师生座谈会上的讲话 [N].人民日报，2015-05-05（02）.

[26] 陈洪捷.德国古典大学观及其对中国大学的影响 [M].北京：北京大学出版社，2015.

[27] 刘海峰."双一流"建设中的公平与效率问题 [J].高等教育评论，2017，5（2）：8-17.

[28] 高靓，董鲁，皖龙.探索世界一流大学建设的中国模式——"双一流"建设高校和建设学科名单解读 [N].中国教育报，2017-09-22（07）.

[29] 陈宝生.争取上半年公布第一批"双一流"建设名单 [EB/OL]. [2021-02-10]. http://edu.people.com.cn/n1/2017/0312/c1053-29140220.html.

[30] 翟雪辰，王建华.我国高等教育重点建设政策的演变与启示 [J].当代教育科学，2017（7）：71-75.

[31] 张继明.我国高等教育治理现代化的核心要素及其优化 [J].现代教育管理，2020（6）：7-13.

[32] 周志刚，宗晓华.重点建设政策下的高等教育竞争机制与效率分析——兼论对"双一流"建设的启示 [J].高教探索，2018（1）：21-27.

[33] 杜瑛.高校分类体系构建的依据、框架与应用 [J].中国高等教育，2016（Z2）：32-37.

[34] 孙科技."双一流"建设中的政府与大学关系协调：基于资源依赖视角的分析 [J].教育与经济，2022，38（1）：69-77.

[35] 陈丽媛，刘念才.世界一流大学建设的中国模式及其国际影响 [J].教育研究，2019（6）：105-115.

[36] 清华大学.清华大学事业发展"十三五"规划纲要 [EB/OL]. [2021-03-01]. https://www.tsinghua.edu.cn/info/1624/2706.htm.

[37] 胡德鑫.我国世界一流大学建设的历史演变、基本逻辑与矛盾分析 [J].教育发展研究，2017（Z1）：1-8.

[38] 郭卉.权利诉求与大学治理：中国大学教师利益表达的制度运作 [M].青岛：中国海洋大学出版社，2008：3.

[39] 阎光才.学术共同体内外的权力博弈与同行评议制度 [J].北京大学教育评价，2009，7（1）：124-138，191-192.

[40] 韩水法.世上已无蔡元培[J].读书，2005（4）：3-12.

[41] 希拉•斯老特，拉里•莱斯利.学术资本主义：政治、政策和创业型大学[M].梁骁，黎丽，译.北京：北京大学出版社，2008：8.

[42] 吴越."三维市场"视野下世界一流大学建设路径分析[J].中国高教研究，2016（9）：42-46，82.

[43] 别敦荣.高校发展战略规划的理论与实践[J].现代教育管理，2015（5）：1-9.

[44] 林杰.大学自主办学能力：内涵、构成及特征[J].中国人民大学教育学刊，2019（1）：56-67.

[45] 阎凤桥，康宁.中国大学管理结构变化实证分析[J].高等教育研究，2004，25（5）：36-41.

[46] 宋伟.大学行政权力生成的哲学基础[J].清华大学教育研究，2005，26（4）：5-10.

[47] 何东昌.中华人民共和国重要教育文献（1949—1975）[M].海口：海南出版社，1998：45-46.

[48] 何东昌.中华人民共和国重要教育文献（1949—1975）[M].海口：海南出版社，1998：859.

[49] 何东昌.中华人民共和国重要教育文献（1949—1975）[M].海口：海南出版社，1998：1059.

[50] 何东昌.中华人民共和国重要教育文献（1949—1975）[M].海口：海南出版社，1998：1479-1480.

[51] 李均.中国高等教育政策史：1949—2009[M].广州：广东高等教育出版社，2014：206.

[52] 崔益虎，刘运玺.多维视角下的高校党委领导下的校长负责任制及实现路径[J].国家教育行政学院学报，2015（5）：9-14.

[53] 何东昌.中华人民共和国重要教育文献（1998—2002）[M].海口：海南出版社，2003：165.

[54] 教育规划纲要工作小组办公室.全国教育工作会议文件汇编[M].北京：

教育科学出版社，2010：119.

[55] 教育部.普通高等学校学生管理规定 [EB/OL]. [2021-10-01].http://old.moe.cn//publicfiles/business/htmlfiles/moe/moe_621/201001/xxgk_81846.html.

[56] 储朝晖.大学章程亟需从纸上走到路上 [N]. 中国教育报，2014-10-10（02）.

[57] 高凯.教育部核准首批 6 所高校章程 [EB/OL]. [2021-10-09]. http://edu.people.com.cn/n/2013/1128/c1053-23688449.html.

[58] 符琼霖.对教育部首批核准的六所大学章程分析与建议 [J]. 高校教育管理，2015，9（1）：45-50.

[59] 刘向兵，周密.我国公立高校内部经费配置中校院关系模式变革的案例研究 [J]. 中国高教研究，2017（1）：48-52.

[60] 郑勇，徐高明.权力配置：高校学院制改革的核心 [J]. 中国高教研究，2010（12）：24-26.

[61] 汤建.我国大学院系治理现代化：学理认识、现实困境与实践路径 [J]. 高校教育管理，2019（5）：44-50.

[62] 蔡连玉，眭依凡.大学内部资源配置及其制度选择研究 [J]. 清华大学教育研究，2017，38（6）：16-22.

[63] Morison S E. The Founding of Harvard College[M].Cambridge：Harvard University Press，1995：168.

[64] Harvard University Archives[EB/OL].[2021-10-09]. http://library.harvard.edu/university-archives/using-the-lollections/online-resources/charter-of-1650.

[65] The Harvard Charter of 1650[EB/OL]. [2021-10-10]. http:// library.harvard.edu/university-archives/using-the-lollections/online-resources/charter-of-1650.

[66] 李硕豪，熊妮.哈佛大学学院制管理中的权力运行及启示 [J]. 中国农业教育，2014（5）：7-11.

[67] 徐来群.哈佛大学史 [M].上海：上海交通大学出版社，2012：199.

[68] 向洪，王雪，张强.哈佛理念 [M].青岛：青岛出版社，2005：63.

[69] Oxford University.Governance-Council[EB/OL]. [2021-10-10]. http://www.ox.ac.uk/about/organization/governance?wssl=1.

[70] 张国有.大学章程（第四卷）[M].北京：北京大学出版社，2012：149.

[71] 张国有.大学章程（第四卷）[M].北京：北京大学出版社，2012：150.

[72] 孔宪铎.我的科大十年 [M].北京：北京大学出版社，2004.

[73] 眭依凡，张衡.香港科技大学内部治理体系探析 [J].高等教育研究，2019（10）：36-45.

[74] Gerber L. Defending Shared Governance[J].Change，2007，39（5）：5-6.

[75] 阎光才.高校教师参与治理的困惑及其现实内涵 [J].中国高教研究，2017（7）：6-11.

[76] 张慧洁.利益、责任、信仰：世界一流大学治理结构的梳理与检讨 [J].高教探索，2011（3）：5-10.

[77] 张维迎.北京大学人事制度改革方案 [N].中国青年报，2003-07-12（09）.

[78] 陈艳.从北京大学人事改革方案看我国高校人事制度改革的必要性 [J].湖北社会科学，2004（1）：137-138.

[79] 李猛.如何改革大学——对北京大学人事改革方案逻辑的几点研究 [J].学术界，2003（5）：45-64.

[80] 旬渊，刘信阳.从高度集中到放管结合——高等教育变革之路 [M].上海：华东师范大学出版社，2018：164.

[81] 教育部.关于深入推进教育管办评分离促进政府职能转变的若干意见[EB/OL]. [2021-10-29]. http://www.moe.gov.cn/srcsite/A02/s7049/201505/t20150506_189460.html.

[82] 李科利.从公共政策学的视角审视政府与大学的关系 [J].教育理论与实践，2010，30（12）：3-5.

[83] 张应强，唐宇聪.大学治理的特殊性和我国大学治理体系现代化 [J].清

华大学教育研究，2020（3）：6-13.

[84] 黄巨巨 . 大学治理现代化的法理探析 [J]. 江苏高教，2018（1）：24-30.

[85] 朱新梅 . 政府干预与大学公共性的实现：中国大学的公共性研究 [M].
北京：教育科学出版社，2007：97.

[86] 陈晨 . 三张清单看改革 [N]. 光明日报，2014-10-09（13）.

[87] 黄彬 . 大学外部治理的法权逻辑与重构路径——基于"管办评分离"
的政策视角 [J]. 中国高教研究，2016（11）：41-45.

[88] 张文显，周其凤 . 大学章程：现代大学制度的载体 [J]. 中国高等教育，
2006（20）：7-10.

[89] 窦衍瑞 . 现代大学制度研究 [M]. 济南：山东大学出版社，2016：151.

[90] 蒋丹，唐华 . 中国地方大学面临的挑战：来自治理结构的变革 [J]. 山
东高等教育，2019（3）：9-14.

[91] 林杰 . 高等教育普及化时代大学生的特征及其权利保障 [J]. 中国高教
研究，2016（3）：43-46.

[92] 周娜 . 学生主体参与大学治理的机制研究 [D]. 重庆：西南大学，2017.

[93] 龙宝新 . 双一流建设背景下二级学院内部治理的机制与架构 [J]. 高校
教育管理，2019（4）：18-26.

[94] 石中英 . 大学办学院还是学院办大学 [N]. 光明日报，2016-05-10（13）.

[95] 陈亮，刘文杰 . 西方高校"分布式领导"：内涵、实施与成效 [J]. 清华
大学教育研究，2018（6）：117-122，128.

[96] 郑勇，徐高明 . 权力配置：高校学院制改革的核心 [J]. 中国高教研究，
2010（12）：24-26.

[97] 何淑通 . 大学内部治理中的冲突：根源、类型与功能 [J]. 教育探索，
2016（4）：57-61.

[98] 邹兵 . "双一流"背景下我国高校治理的优化路径 [J]. 江苏高教，2018
（1）：19-23.

[99] 施晓光 . 一流大学要一流的制度德性 [J]. 探索与争鸣，2016（7）：16-
19.

[100] 刘恩允 . 治理理论视域下的我国大学院系治理研究 [D]. 苏州：苏州大学，2014.

[101] 易红郡 . 英国近现代大学精神的创新 [J]. 清华大学教育研究,2015(5)：31-40.